AF347185

LA SOCIÉTÉ DES HABITATIONS A BON MARCHÉ

Sa demande de garantie financière

PROTESTATION

DU

SYNDICAT PERMANENT

DES

Propriétaires et Constructeurs DU HAVRE

HAVRE

Imprimerie ALPHÉE BRINDEAU et Cie, quai d'Orléans, 9.

1891

LA

SOCIÉTÉ DES HABITATIONS
A BON MARCHÉ

Sa demande de garantie financière

PROTESTATION

DU

SYNDICAT PERMANENT

DES

Propriétaires et Constructeurs

DU HAVRE

HAVRE

Imprimerie ALPHÉE BRINDEAU et Cie, quai d'Orléans, 9.

1891

INTRODUCTION

Le mois de Juin 1891 a vu éclore, au Havre, une question grave pour tous les intérêts, périlleuse pour les finances municipales, sur laquelle il importe de faire la lumière, aux yeux du public, avant que nos édiles ne soient mis en demeure, comme on se propose de le faire, de la trancher définitivement.

Une Société de constructions, dite de Constructions économiques, s'est révélée tout-à-coup et, comme début, a demandé que la Ville du Havre lui garantit l'intérêt des capitaux qu'elle engagerait dans l'entreprise, et lui concédât, en outre, certaines immunités constituant une dérogation aux prescriptions, quelquefois très dures et très onéreuses, qui régissent nos concitoyens, en cette matière.

Cette requête insolite mérite-t-elle d'être accueillie ?

Ce point sera aisément résolu par ceux qui voudront bien prendre connaissance des documents que nous rassemblons ici pour l'édification du public.

On verra que la demande de garantie n'a trouvé qu'un approbateur et qu'un avocat, dont les arguments sont rien moins que déterminants.

On verra, en même temps, que l'opinion publique, à sa presque unanimité, a répudié toute concession de garantie à une entreprise qui ne se présente pas dans des conditions permettant de lui reconnaître le caractère charitable auquel elle prétend.

On assistera enfin à l'intervention décisive dans le débat du Syndicat permanent des Propriétaires et Constructeurs du Havre, *dont la protestation, à la fin de cette brochure, est le couronnement d'une courte mais rigoureuse campagne en faveur des intérêts généraux de la Ville et des Contribuables, qui a eu la chance peu commune de réunir toutes les opinions dans un même concert.*

Après cela, on dira si la cause n'est pas entendue et s'il reste au Conseil municipal autre chose à faire qu'à ratifier le verdict de la population.

COMMENT LA QUESTION A SURGI

Ce sont les journaux le *Petit Havre* et *Le Havre* qui ont été chargés de lancer l'affaire.

Ces organes, essentiellement dévoués, ont profité, pour en indiquer l'économie, de l'occasion de rendre compte d'une réunion qui a eu lieu à la salle de la Lyre Havraise et à laquelle les promoteurs de la Société des habitations ouvrières avaient convoqué toutes les personnes considérées par eux comme susceptibles de devenir leurs adhérents.

Nous négligerons les doctrines dont l'exposé avait été confié à deux conférenciers de valeur, appelés tout exprès de Paris, MM. Picot, vice-président de l'Académie des sciences morales et politiques, et le docteur Rochard, membre de l'Académie de médecine, pour reproduire seulement les passages les plus importants de l'article de nos confrères, ceux où la question est traitée au point de vue pratique.

Voici ces passages :

LA QUESTION DES LOGEMENTS A BON MARCHÉ

Réunion préparatoire à la Lyre Havraise

La question des logements à bon marché pour la classe ouvrière, question à laquelle, depuis plusieurs années, M. Jules Siegfried, député du Havre, s'est consacré avec une initiative si persévérante, a été traitée hier soir dans une réunion à la Lyre Havraise.

Le Congrès d'économie sociale, qui fit suite à l'Exposition d'économie sociale, en 1889, et auquel M. Jules Siegfried prit une part prépondérante, a eu pour premier résultat pratique la fondation à Paris de la « Société française des maisons à bon marché », dont notre député a été nommé président. Sous l'impulsion de cette Société, des habitations ouvrières ont été créées dans plusieurs grandes villes, à Lyon, à Rouen, à Marseille, et c'est pour provoquer au Havre une fondation du même genre, que M. Jules Siegfried avait convoqué hier ceux qu'intéressent ces questions vitales.....

M. Siegfried, à son tour, après la conférence, remercie ses éminents collaborateurs de l'appui que leur compétence est venue prêter à l'œuvre des habitations ouvrières. Il résume rapidement les avantages qu'on a retirés de la création des petites maisons ouvrières dont l'acquisition est faite par le locataire au prix d'un loyer de 8.50 0/0.

Ce sacrifice n'est pas à la portée de tous, et pour beaucoup l'économie est un luxe encore inabordable.

L'autre système, celui des grandes maisons, établit le loyer à 4 0/0, plus 1 1/2 pour les frais d'entretien.

En l'appliquant, ce n'est pas de la charité que l'on fera, c'est du véritable socialisme. Les capitalistes, tout en contribuant à l'accomplissement d'un devoir social, peuvent mettre avec confiance leurs fonds dans un placement solide.

Le succès de l'œuvre est certain, si M. Brindeau veut bien l'appuyer auprès du Conseil municipal et si l'honorable M. Mallet, dont le dévouement a tant contribué au succès des cités ouvrières, veut bien mettre le même zèle bienfaisant au service de cette deuxième œuvre, suite et complément de la première.

M. Mallet, enfin, en déclinant le mérite d'une œuvre qui n'est pas œuvre personnelle, examine le côté financier de l'opération qu'on se propose. Le fonds nécessaire serait fixé à 500,000 fr. et les capitaux peuvent s'y engager en toute confiance, en comptant sur un revenu de 4 0/0. Comme M. Brindeau l'a dit, cette question avait déjà préoccupé le Conseil municipal, qui fixait à 4 1/2 la garantie d'intérêt.

La Société à constituer ne demanderait pas autant et M. Mallet estime qu'il suffirait d'une garantie éventuelle de 10,000 francs, représentant par conséquent 2 0/0, pour suppléer à une insuffisance peu probable de revenu. Il y aurait ainsi sécurité absolue pour les actionnaires pour une faible responsabilité qu'encourrait la ville, responsabilité bien compensée par les avantages d'une création qui ne peut qu'alléger les charges de l'assistance publique.

M. Mallet, après avoir remercié les orateurs qui ont avec tant d'autorité élucidé la question, termine en priant les personnes qui adhèrent au principe de l'œuvre de faire connaître l'importance de leur souscription. Une nouvelle réunion aura lieu prochainement pour nommer un Comité provisoire chargé de préparer la constitution définitive de la Société.

L'accueil fait à la proposition qui a été développée hier sous toutes ses formes, avec tant de compétence, permet donc de regarder comme assurée dès maintenant, la fondation de la Société havraise des logements ouvriers, — qui constituera, pour notre ville, un sérieux progrès démocratique. En nous félicitant de cet heureux résultat, nous remercions encore M. Jules Siegfried, de l'initiative qu'il a mise au service de notre population ouvrière.

(Le *Petit Havre* et *Le Havre* du 9 Juin 1891.)

L'OPINION DE LA PRESSE

« Journal du Havre »

A propos de Logements à bon marché

il paraît que les finances municipales sont très prospères et qu'on ne sait comment se débarrasser des fonds à provenir du prochain emprunt et de la future conversion, car nous voyons que, dans une réunion qui a eu lieu, hier soir, — dont l'objet était de former une Société d'te d'Habitations ouvrières et de grouper le capital de 500.000 francs, destiné à assurer son fonctionnement. — quelques orateurs ont demandé que la Ville garantît aux capitalistes un revenu de deux pour cent.

Deux pour cent ajoutés aux quatre pour cent que lesdits capitalistes se disent sûrs de retirer de leur spéculation. cela fait six pour cent : un beau revenu par le temps qui court. si l'on considère ce que rapportent la rente d'Etat. les immeubles et la terre, si l'on envisage les aléas des affaires.

La philanthropie est facile et douce à pratiquer dans de telles conditions.

Mais que diront les petits propriétaires, dont la situation est déjà si précaire et à qui l'on viendra enlever leurs meilleurs locataires, en même temps que l'on augmente chaque jour leurs charges ?

Et, dans un ordre plus général, que dira la masse des contribuables, transformée en bailleurs de fonds récalcitrants, pour qui la vie est, déjà, si difficile, grâce aux taxes et impôts existants ?

Ils estimeront, nous n'en doutons pas, que ce n'est pas à eux, misérables, à se faire les commanditaires d'une telle entreprise et à servir, eux qui n'ont rien ou peu de chose, des bénéfices aux riches participants de la Société en création.

Nous comprenons, à la rigueur, l'œuvre dont M. Duplat a eu l'initiative. Celle-ci ne demande ses ressources qu'à des souscriptions volontaires, et son but est deux fois louable, car il s'agit, sans prélever aucun subside sur le budget municipal, d'assurer le logement à des malheureux intéressants, et de garantir leurs loyers à de petits propriétaires, qui sont loin de rouler sur l'or.

Quant à l'autre Société, — celle dont on a essayé de jeter les bases, hier soir, — elle nous paraît s'inspirer de ce socialisme trop pratique, pour qui a été inventé l'expression : « charité bien ordonnée commence par soi-même. »

Quoiqu'il en soit, nous ne découragerons pas les petits manteaux-bleus, les hommes vraiment charitables que l'idée a séduits. Libre à eux de consacrer leurs deniers à la construction de maisons ouvrières ; et, s'ils s'en occupent avec tout le désintéressement nécessaire pour résoudre la question des logements à bon marché, nous ne manquerons pas de rendre hommage à leurs efforts, à leurs succès, et nous ne leur marchanderons pas les éloges.

Mais il ne nous semble pas désirable que la Ville s'embarque dans une affaire de ce genre. Les finances municipales, les ressources du budget ne sauraient, sans inconvénient, être détournées des services

2

publics pour être affectées à des exploitations industrielles dont les bons résultats ne sont rien moins que certains, et dont le caractère, exclusivement humanitaire, pourrait fournir matière à contestation.

Pour toutes sortes d'excellentes raisons, la Ville doit donc s'abstenir.

Il ne faut pas, en effet, accorder plus d'importance qu'elle ne mérite à la sorte de mise en demeure d'acquiescer à l'œuvre et de garantir son concours le plus absolu. qui a été adressée au chef de notre municipalité, à la fin de la réunion.

La séance a été levée, en effet, par le président, sans qu'une réponse ait été formulée ; et nous nous plaisons à croire que, de ce côté, il n'y a rien de conclu. de même que nous imaginons que la majorité du Conseil municipal y regardera à deux fois avant de s'engager dans la voie où on voudrait l'attirer : voie périlleuse, parce que les ouvriers que l'on prétend loger à bon marché, ne rencontreront pas les avantages promis, et que les petits propriétaires havrais seront victimes d'une concurrence ruineuse.

Or, est-ce à la Ville, est-ce aux membres du Conseil municipal à faire la concurrence aux contribuables, aux électeurs, et à patronner et à subventionner un petit groupe d'intérêts, avec le fonds commun, au détriment de la collectivité et sans profit bien constaté pour les malheureux ?

Nous ne le croyons pas.

(Journal du Havre du 9 Juin, et *Petit Républicain.)*

La Question des Logements à bon marché

Un de nos correspondants nous envoie la communication qu'on lira plus loin, relative à la question des logements à bon marché, en ce moment remise à l'ordre du jour.

Quoique notre correspondant se trouve un peu à côté du seul point de vue auquel nous voulions nous placer pour intervenir dans le débat, — à savoir, l'impossibilité d'accorder la garantie financière de la Ville à l'opération industrielle qui s'élabore, — nous croyons, ces réserves faites, que nos lecteurs trouveront quelqu'intérêt aux considérations développées par notre correspondant dans la lettre suivante :

« Monsieur,

» Je viens de lire un article sur les Logements à bon marché.

» Je croyais à une œuvre charitable et je me suis trouvé en présence d'une affaire de spéculation privée présentée comme étant de toute sécurité, offrant un placement avantageux et pour laquelle on escompte déjà la perspective d'exonération des droits d'octroi sur les matériaux nécessaires à l'édification des immeubles projetés.

» Cette situation m'a suggéré l'idée de joindre ma protestation à la vôtre.

» Les circonstances ci-dessus énumérées permettraient, si l'on veut, une fois réalisées, à la Société de louer ses locaux à des conditions assez favorables pour les occupants, car ceux-là évidemment auront chance d'être accueillis qui présenteront des garanties de payement.

» En effet, une telle Société ne manquera pas de s'entourer de tous les renseignements sur la solvabilité des personnes qui aspireraient à devenir ses locataires. En outre, elle saura, le cas échéant, faire valoir toutes ses prérogatives, et, appuyée sur ses statuts, se faire payer par les locataires en retard et leur faire vider les lieux.

» Que deviendront alors ces travailleurs ?

» Ils seront gros Jean comme devant.

» Au contraire, la Société, elle, aura trouvé un moyen d'utiliser fructueusement des capitaux jusqu'alors improductifs ou moins rémunérés.

» De prime abord, il semblait qu'il s'agissait de créer une œuvre de bienfaisance, dont le but serait de venir au secours des malheureux et de leur procurer, provisoirement, des logements sains. Un semblable but n'aurait pu porter ombrage aux petits propriétaires, qui, par le fait, se seraient trouvés exonérés de la coûteuse et triste nécessité à laquelle ils sont parfois condamnés d'expulser les gens qui ne les payent pas.

» En vertu de cette considération, chaque propriétaire aurait pu, suivant ses ressources, s'intéresser à cette œuvre humanitaire et s'engager à opérer dans la caisse sociale un versement annuel proportionnel à l'économie réalisée du fait d'une moindre perte de loyers et de la non-intervention des hommes de loi, à laquelle on ne se résoud qu'à la dernière extrémité et toujours avec beaucoup de peine.

» Il n'en est rien : car, sous prétexte de venir en aide aux travailleurs, il n'est question, en effet, que de créer une nouvelle Société se proposant de faire construire des immeubles devant être loués avec une pleine sécurité de paiement.

» Le malheur est que les promoteurs de ces sortes d'affaires croient qu'il faut biaiser pour présenter l'entreprise au public. Assurément, chacun est libre de lancer comme il l'entend les affaires de son choix, de s'entourer des combinaisons qu'il trouve le plus à sa convenance ; toutefois, c'est à condition que la plus grande sincérité soit apportée dans ces exposés.

» Mais alors on aurait dû, dans le cas présent, mieux indiquer le but et les raisons vraies de l'entreprise, et non pas invoquer vis-à-vis du public un objectif, quand c'est un autre qui sert de mobile.

» Agréez, etc. »

Sur la même question, nous recevons, cette après-midi, de M. F. Mallet, la lettre suivante :

« Le Havre, 10 juin 1891.

» Monsieur le directeur du *Journal du Havre*

» Monsieur,

» Votre journal a publié, hier, un article sur la Société, en voie de formation, qui a pour objet la construction de maisons économiques et saines pour la classe ouvrière.

» Ceux qui consacrent leur temps à la réalisation d'une œuvre aussi utile, pouvaient espérer une appréciation plus bienveillante.

» Si l'auteur de l'article avait, lundi après midi, accompagné le docteur Rochard et les promoteurs de la Société, dans la visite qu'ils ont faite d'un certain nombre de maisons de divers quartiers de notre ville, il aurait probablement exprimé plus de pitié pour les malheureux locataires qui les habitent que pour leurs propriétaires menacés d'une concurrence.

» J'ajouterai que, s'il avait assisté à la réunion de lundi, il n'aurait pas commis l'erreur dans laquelle il est tombé. Il ne s'agit pas, en effet, d'assurer 6 0/0 aux actionnaires, mais seulement 4 0/0 en tout. Il ne serait fait appel chaque année à la subvention de la Ville que dans le cas où le revenu net serait inférieur à 4 0/0.

» Je compte sur votre impartialité pour insérer cette lettre dans votre numéro de ce jour.

» Recevez, Monsieur le directeur, mes salutations distinguées.

» F. MALLET »

Quant à l'affaire proprement dite, nous renvoyons notre honorable correspondant à l'article auquel il répond.

Nous disions :

« Nous ne décourageons pas les petits manteaux-bleus, les hommes vraiment charitables que l'affaire a séduits. Libre à eux de consacrer leurs deniers à la construction de maisons ouvrières ; et s'ils s'en occupent avec tout le désintéressement nécessaire pour résoudre la question des logements à bon marché, nous ne manquerons pas de rendre hommage à leurs efforts, à leurs succès, et nous ne leur marchanderons pas les éloges. »

Où y a-t-il là dedans un manque de bienveillance ?

Reste la participation financière de la Ville.

M. Mallet objecte qu'il ne s'agit pas d'assurer 6 0/0 aux actionnaires mais seulement 4 0/0 en tout et qu'il ne serait fait appel, chaque année, à la subvention de la Ville, que dans le cas où le revenu net serait inférieur à 4 0/0.

Nous entendons bien.

Mais c'est là le principe. Il en serait autrement dans

la pratique : il en est toujours autrement dans la pratique, en ces sortes d'affaires.

On soumettrait à la Ville les comptes de la Société ; la Ville les vérifierait d'aussi près qu'il lui serait possible.

Mais ne sait-on pas de quoi sont capables, en vue de l'intérêt social, c'est-à-dire de leur Société, le zèle et l'habileté des administrateurs d'une entreprise industrielle ? N'a-t-on pas appris par maints exemples, — les comptes et les budgets des fabriques et consistoires en font foi, — combien il est facile de rendre inefficace le contrôle de la Ville ?

Il est à craindre qu'en fait, les choses seraient arrangées de telle sorte que le revenu net ne serait jamais suffisant pour faire grâce à la Ville de sa subvention de 2 0/0.

Du reste, pourquoi tant insister à propos de cette subvention ?

Si nous nous reportons aux comptes rendus de la réunion, — auxquels nous renvoie M. Mallet et qui ont toute sa confiance, — nous voyons que M. Mallet qui, précisément, a pris la parole à ce sujet, avant de défendre la même cause dans la lettre qu'on vient de lire, se serait exprimé en ces termes :

« M. Mallet estime qu'il suffirait d'une garantie éventuelle de 10.000 fr., représentant par conséquent 2 0/0, pour suppléer à une *insuffisance peu probable* de revenu. Il y aurait ainsi sécurité absolue pour les actionnaires... »

Et les contribuables ?

Faudrait-il qu'ils vivent, toutes les années que Dieu fera et que la Société durera, dans la transe d'avoir à se saigner de 10.000 fr. au profit de la Société industrielle des Logements à bon marché, et qu'ils aient tous les soucis du propriétaire, sans aucun de ses avantages et de ses bénéfices, grâce à la dîme suspendue sur eux au profit d'une spéculation immobilière ?

Il nous semble que ces contribuables ont bien le droit de faire entendre leur voix au chapitre.

Enfin, puisque cette insuffisance de revenu est *si peu probable*, comme on nous l'assure, pourquoi se précautionner si rigoureusement contre elle ?

Il y a un désaccord flagrant entre les paroles et les actes.

Notre opinion reste donc, qu'en principe de même que dans l'espèce, il ne faut pas accorder la garantie financière de la Ville et demander aux pauvres qui sont les plus nombreux parmi les contribuables de faire l'aumône à des riches, en quête d'un bon placement.

(*Journal du Havre* du 10 juin, et *Petit Républicain*).

Contre la garantie d'intérêt

Nous avons le ferme espoir que la majorité du Conseil municipal du Havre, digne interprète des intérêts généraux qui lui ont été confiés et mandataire fidèle de l'ensemble du corps électoral, ne consacrera pas, par son vote — si les choses vont jusque-là — le régime de partialité, de faveur et de privilège, rêvé, entrevu par les promoteurs de la Société des habitations économiques, le jour où ils ont émis la prétention d'obtenir, pour leurs entreprises industrielles, la garantie financière de la Ville.

Cependant, admettons pour un instant, que l'assemblée communale, devenue un instrument docile, ou dupe d'un socialisme trompeur et de faux semblants de charité et de bienfaisance, ait donné gain de cause aux prétentions que nous combattons, avec la majorité de nos concitoyens, avec la presque totalité des contribuables.

Voilà le principe admis, proclamé, passé du domaine de la théorie et de la doctrine, dans celui de l'application et des faits.

La garantie de 2 0/0 est donnée, la subvention de 10,000 fr. est mise à la disposition des intéressés ; la Société a, en outre, obtenu l'exonération des droits d'octroi pour ses matériaux, et la dispense de se conformer aux règlements concernant les constructions.

Que va-t-il arriver ?

La suite n'est pas difficile à prévoir, et chacun à la réponse sur les lèvres.

D'abord, c'est la Société privilégiée qui, mise en appétit par un si beau résultat, va s'empresser d'étendre ses opérations. Elle a débuté avec un fonds social de 500.000 fr. et une garantie de 10.000 fr., mais, sous l'influence du succès et de l'appât du gain, elle ne va pas tarder à étendre ses lucratives opérations. Le capital sera bientôt doublé et porté au million, en même temps que la garantie municipale s'élèvera à 20.000 fr. Il n'y a pas de limites à cette progression, car il en est des bons placements comme du galon, dont on a dit : « Quand on prend du galon, on n'en saurait trop prendre ».

C'est, en effet, une entreprise de cocagne, que celle-là qu'on inaugure en se garantissant 2 0/0 de revenu, d'autant mieux à l'abri de tout aléa, que, sans avoir besoin de faire preuve d'aucun labeur, d'aucun effort, d'aucune habileté, on n'aura que la peine, non, le plaisir, d'aller les toucher chez le receveur municipal, lequel aura, lui, l'ingrate besogne de les faire suer au pauvre monde, au moyen de feuilles de contribution, d'avertissements, voire de saisies et de ventes.

Et puis, il faut compter avec le sentiment d'émulation.

Les côtés avantageux du procédé ne seront pas plutôt reconnus, il n'aura pas été plutôt démontré que la caisse municipale est une bonne vache à lait que l'on peut traire à satiété, sous la seule condition d'arborer plus ou moins vraisemblablement le drapeau humanitaire, qu'il se fondera dix, quinze ou vingt Sociétés similaires, empressées toutes à réclamer comme première mise les 2 0/0 de garantie municipale : et les dix mille francs succèderont aux dix mille francs.

Le budget de la ville du Havre ne servira plus, jusqu'à complet épuisement, qu'à encourager les placements immobiliers.

Ce ne sera pas là, d'ailleurs, qu'on y compte bien, le seul genre de spéculation qui sera tenté.

On verra naitre et se multiplier les Sociétés qui se donneront — toujours sous le couvert de la bienfaisance — la mission de fournir, économiquement aux consommateurs, et lucrativement pour leurs actionnaires, celles-ci le pain, celles-là la viande ; d'autres, la boisson ; d'autres, le combustible — à condition d'avoir la garantie financière de la ville du Havre.

De garantie en garantie, nous arriverons à l'épuisement du budget et au déficit, non moins vite et non moins sûrement qu'à la ruine des contribuables, qu'à la mort du commerce et de l'industrie de notre ville, tués par cette redoutable concurrence subventionnée aux frais de tous.

C'est là le développement logique des choses.

On nous objectera, peut-être, que la garantie d'intérêt accordée, aujourd'hui, à celui-ci, sera refusée, demain ou après-demain, à tel et tel autre.

De quel droit et sous quel prétexte, si les conditions auxquelles se placeront les solliciteurs sont les mêmes — ce qui ne sera pas difficile à réaliser ?

Il faudra accueillir toutes les demandes et arriver à l'extinction de nos finances, ou se lancer dans l'arbitraire et refuser à celui-ci parce qu'il sera sans autorité, sans relations et sans crédit politique, les subsides qu'on aura alloués à celui-là, parce qu'il est riche, puissant et influent, parce qu'il sera en état de rendre des services... électoraux ou autres.

On tombera alors dans le bon plaisir le plus échevelé et le plus révoltant.

En vérité, plus on examine de près la question qui vient de se poser si inopinément, plus on reconnaît, plus on se persuade que les apparences séduisantes, qui ont pu faire naître les illusions de certains esprits généreux, dissimulent mal les côtés et les aspects fâcheux, les conséquences inquiétantes du concours financier réclamé par une entreprise de concurrence qui ferait de notre population, si méritante et si laborieuse, la victime taillable et corvéable de quelques privilégiés.

Non, cent fois non, il n'est par permis à notre Conseil municipal, à la municipalité, de donner la garantie d'intérêt convoitée.

(*Journal du Havre* du 12 Juin, et *Petit Républicain*.)

Autour de la Garantie financière de la ville

Il ne manquait plus à l'entreprise industrielle des habitations économiques — avec garantie du budget municipal — pour que la partie fût tout à fait compromise, que d'être défendue par l'avocat ordinaire de ces sortes d'affaires.

C'est, en effet, nous semble-t-il, une véritable bonne fortune que d'être contredit, comme nous le sommes, en la circonstance, par le *Petit Havre*, la feuille démocratique et socialiste si connue pour prendre parti contre l'intérêt général aussi souvent qu'il se trouve en opposition avec des personnages influents et haut placés, en opposition avec des gros capitaux.

Mais si le *Petit Havre* n'est pas libre d'avoir, dans cette question, une autre manière de voir que celle qu'il vient d'afficher, nous pensons qu'on eût bien dû, dans l'intérêt même de la cause, ne pas lui imposer l'attitude peu confraternelle que nous lui voyons.

A notre sens, ce journal a trop peu fait ses preuves d'infaillibilité pour être autorisé à dire, par exemple, que l'initiative à laquelle il applaudit, lui, parce qu'on le lui commande, a été, par nous, « mal comprise ou mal interprétée. »

Il eut été plus correct de dire, simplement, que nous avions compris ou interprété cette initiative d'une façon différente de la sienne. Cela eût parfaitement suffi. De même que nous prêter « une animosité mal dissimulée » n'est pas moins contraire à la courtoisie, qu'à la vérité.

Ces aménités ne sont pas d'ailleurs pour nous atteindre. Nous les considérons comme des écarts que nous devons pardonner aux autres, désireux que nous sommes d'être excusés à notre tour, si nous avions le malheur, un jour, d'employer, contre notre pensée, des termes involontairement et gratuitement blessants pour autrui.

Le seul avantage de ces arguments est de montrer que ceux qui s'en servent n'ont pas beaucoup de bonnes raisons dans leur sac et que, quand ils nous accusent de faire un procès de tendance à leurs protégés, ils indiquent eux-mêmes le seul qualificatif qui convienne à leur polémique.

Peu nous importent les noms des adhérents de la Société qui prétend à la garantie financière de la Ville.

Nous ne voulons voir, nous ne voyons, d'un côté qu'un gros capital, à qui l'on prédit un revenu, d'ores et déjà assuré de 4 0/0, et de l'autre que le budget de la ville du Havre, si mal en point, qu'on n'a pu l'équilibrer qu'à coups d'impositions nouvelles, d'emprunts et de conversion.

Or, c'est ce gros capital, fait d'apport de fonds disponibles et improductifs ou rapportant moins de 4 0/0. — ce qui n'est pas rare, en notre temps, — c'est ce gros capital qui demande à ce pauvre budget obéré une garantie d'intérêt de 2 0/0, soit 10,000 fr. pour le moment !

Est-ce admissible ?

On aurait chargé les contribuables, endetté la Ville pour cinquante ans, fait les économies les plus dures, diminué les ressources de tous les services municipaux, supprimé sans pitié les institutions les plus intéressantes ; la majorité des contribuables vivrait au jour le jour ; une autre partie, considérable aussi, serait condamnée à la gêne sans fin, uniquement pour que le gros capital obtienne aux dépens de la collectivité un privilège coûteux, et soit mis, sans aucun titre, sans aucun droit, à l'abri des fluctuations et des risques qui frappent les autres entreprises !

Il y a bien le prétexte de « bienfaisance » et de « philanthropie. »

Mais le *Petit Havre* l'invoque moins qu'il ne passe à côté.

Il lui serait difficile, en effet, de tirer mouture de ce sac.

Il a été démontré, au contraire, et il est constant pour tous ceux à qui leur indépendance laisse les yeux ouverts, que les petits logements existant dans notre ville, peuvent être offerts en nombre suffisant et à des prix suffisamment bas, aux petits locataires et que si les modestes propriétaires auxquels appartiennent les immeubles où sont situés ces logements, en tirent, par hasard, un revenu rémunérateur, cela tient à ce que la valeur de ces immeubles est presque sans importance.

Tous ceux qui suivent les ventes de maisons sont en état de confirmer le fait.

Il tient à cette particularité que le prix de revient d'une construction nouvelle, comme celle que l'on veut entreprendre avec la garantie municipale, est fort au-dessus du prix d'achat moyen et courant des maisons dont le vendeur n'a pas été le bâtisseur et le payeur, et principalement de toutes nos maisons renfermant des logements d'ouvriers.

Dans le premier cas, c'est la production chère.

Dans l'autre, on a les acquisitions et la possession peu onéreuses — qui garantissent sans intervention ni faveur de la Ville, aux propriétaires un revenu suffisant, aux locataires des logements à bon marché.

Quoi qu'on en dise, la situation impartialement envisagée, n'est pas à l'avantage des actionnaires que l'on appelle à grand renfort de réclames intéressées, à se partager la garantie de la Ville, et à manger au râtelier municipal, car, en dépit de la garantie, jamais leur Société n'arrivera à loger aussi économiquement les ouvriers, et ne sera aussi bien à même de temporiser avec les locataires gênés et en retard, que la grande quantité des propriétaires auxquels il s'agit de faire concurrence.

Ces petits propriétaires et ces petits locataires, aussi peu fortunés et aussi accablés les uns que les autres, à qui on déclare la guerre, ont des intérêts solidaires, inséparables.

Ils représentent le prolétariat havrais, c'est-à-dire la grande masse des contribuables, la presque totalité de la population. C'est à eux, c'est à ces consommateurs modestes mais nombreux que le commerce, que nos magasins, que nos boutiquiers doivent leurs plus sûrs éléments de vitalité, car s'il fallait attendre après la clientèle qui se fournit à Paris, qui dépose ses fonds dans les sociétés de crédit ou cherche à les faire fructifier au moyen d'opérations immobilières, avec garantie d'intérêt, — il n'y aurait plus qu'à mettre la clef sous la porte. Les clients riches ne sont pas à dédaigner, mais ce sont les petits ruisseaux qui font les grandes rivières, de même que ce sont les petits contribuables qui font les budgets importants.

Ce qu'on appelle jésuitiquement « l'opposition d'un groupe de propriétaires » n'est autre chose que l'écho de la protestation universelle de notre population, et plus spécialement du prolétariat, auquel on voudrait, mais en vain, donner le change, chemin faisant.

D'ailleurs, on insiste fort peu.

La considération sur laquelle on s'appesantit surtout, c'est que le conseil municipal a, lui-même dans le temps, proposé une garantie d'intérêt à des constructeurs charitables.... qui ne se sont jamais présentés ; ce qui nous a dispensé d'examiner des titres n'existant pas.

On invoque une résolution de l'assemblée communale remontant au 13 Octobre 1886.

Par son ancienneté même, ce vote est devenu caduc.

Comme nous venons de le dire, personne n'en ayant réclamé le bénéfice, pendant des années, la prescription est intervenue.

Depuis, le Conseil municipal a été renouvelé intégralement et il serait bon de savoir si les conseillers actuels sont dans les mêmes idées que leurs prédécesseurs.

En tout cas, ils ne sont liés en aucune façon.

Enfin, la situation elle-même s'est profondément modifiée.

Les largesses que l'on pouvait peut-être faire, il y a cinq ans, sont interdites, aujourd'hui, à des administrateurs économes et prudents.

Ce n'est pas quand on en est réduit aux emprunts et aux expédients, quand on sort à peine des virements ruineux et du déficit, qu'on peut prendre et jeter par les fenêtres l'argent des pauvres aux riches qui tendent les mains.

C'est un Conseil qui n'existe plus qu'on adjure de ne pas se déjuger. Où sont la plupart des conseillers de 1886 ? Où est M. Thévin, un des leaders de l'avant-dernier Conseil ? Où sont les neiges d'antan ?

Tout cela n'est pas plus sérieux que les considérations que l'on invoque.

Entre temps, on veut avoir l'air de faire une grâce aux contribuables havrais.

On fait insidieusement remarquer que c'est deux pour cent au lieu de quatre et demi admis en 1886, que l'on veut prendre au budget.

Il y a là une équivoque et il faudrait s'entendre.

La combinaison actuelle où il s'agit de deux pour cent de garantie d'intérêt ne répondant plus aux termes de la délibération de 1886, il n'est pas permis de soutenir que la Société en formation peut réclamer le bénéfice des dispositions anciennes, non-seulement caduques, mais ne s'appliquant pas au cas présent.

Il n'y a donc aucun moyen d'escamoter le résultat.

Rien, absolument rien n'est voté.

Le Conseil n'est pas engagé, le Conseil n'a pas à se déjuger. Il est entièrement libre, en présence d'une situation absolument différente de l'ancienne et de celle de la précédente assemblée.

Et si nos représentants prennent l'avis de leurs commettants, nous savons bien quel parti ils adopteront.

La demande de garantie sera vite écartée comme contraire à l'intérêt général.

(Journal du Havre du 15 juin, et *Petit Républicain.)*

L'Affaire de la Garantie d'intérêt

Jamais la mission du *Havre* et du *Petit Havre* de faire prévaloir les intérêts d'un petit groupe sur l'intérêt général, de servir l'infime minorité de leurs clients au détriment de la majorité des contribuables et de la population, n'est mieux apparue que dans le dernier plaidoyer prononcé par ces journaux en faveur de la garantie d'intérêt réclamée à la Ville pour la Société des logements à bon marché.

Par exemple, on avait cru jusqu'ici que cette garantie d'intérêt représentait un encouragement s'appliquant indistinctement à toutes les œuvres de nature à améliorer la situation des travailleurs, au point de vue du logement. Eh bien ! pas du tout. Nos confrères n'ont en vue, — et ils en conviennent, et ils l'affichent — que de mettre les subsides de la ville, les ressources de la communauté sociale, au service d'un nombre déterminé et restreint de spéculateurs de leurs amis.

Qu'on lise plutôt le *Petit Havre* de ce matin :

« Nous souhaitons, est-il dit dans un passage de ce journal, qu'elle (l'Assemblée communale) soit favorable à la demande de la Société de construction des maisons ouvrières. »

Dans un autre passage, on lit ce qu'il suit :

« Cette première expérience faite, quand il sera bien démontré que l'entreprise des maisons ouvrières est viable et suffisamment productive, nous espérons bien que l'initiative privée n'aura plus besoin d'aucun stimulant, marchera toute seule et que le mouvement s'étendra. »

On ne saurait dire plus clairement que l'on recherche un privilège, rien qu'un privilège, à l'exclusion et aux dépens du restant de ses concitoyens.

Ces aveux naïfs et comprettants ne sont pas les seuls qui s'étalent dans les colonnes de notre confrère.

Le *Petit Havre* met une insistance non moins imprudente à faire ressortir les avantages, la sécurité du placement et de la spéculation.

Il ressasse les déclarations à ce sujet :

Le Conseil municipal, écrit-il, aura à apprécier s'il doit cesser de s'associer à la réalisation d'une idée depuis si longtemps à son ordre du jour, en refusant *une aide qui se bornera presque sûrement à une garantie morale...*

« La Ville, en *s'associant* à la création des maisons ouvrières au Havre, ne ferait que donner à l'œuvre son *patronage moral, sans engager bien sérieusement les finances municipales.* »

En présence de ces déclarations réitérées, nous le demandons une fois de plus : puisque l'affaire est si bonne, puisque la rémunération des capitaux engagés dans l'entreprise est si certaine, pourquoi mettre tant d'âpreté à la poursuite d'une garantie d'intérêt, réputée inutile, superflue?

Est-ce donc que nos philanthropes sont tellement avides, qu'un rapport sûr de 4 0/0 ne suffise pas à la satisfaction de leurs appétits, ou bien leur conviction est-elle à ce point superficielle et trompeuse qu'ils reculent au moment de passer de la parole à l'action, au moment de donner à leurs conseils la consécration de leur exemple.

Dans l'un comme dans l'autre cas, la Ville ne peut que s'abstenir, elle aussi, car le Conseil n'a pas le droit de compromettre les finances municipales dans une mauvaise affaire, et il lui est également impossible, en morale autant qu'en droit, d'accorder une garantie financière à une entreprise de spéculation privée, improprement décorée du titre d'œuvre de bienfaisance.

Nous posons, d'ailleurs, en fait, que la concession de la garantie financière de la Ville, avec tous les autres privilèges et exemptions que l'on veut bien greffer dessus, serait le plus détestable présent à faire, même à une Société vraiment philanthropique.

L'assurance de deux pour cent d'intérêts garantis, on peut même dire trois avec les avantages qui en seraient le corollaire, tels que non perception des droits d'octroi, non application des règlements sur les alignements et les constructions enlèverait aux administrateurs d'une Société à ce point favorisée, jusqu'à l'ombre du stimulant et de l'initiative.

A quoi bon ce groupe minuscule de propriétaires privilégiés ou ses représentants se remueraient-ils, se tracasseraient-ils, garantis qu'ils seraient de toucher, bon an mal an, que les logements soient vacants ou occupés, leurs loyers raisonnables ou exagérés, leurs locataires nombreux ou rares, leur organisation et leurs frais modestes ou trop élevés, un revenu minimum de deux et même trois pour cent par an, solidement hypothéqués sur les biens de leurs concitoyens ?

Là tendance est bien évidente. Ils se laisseraient vivre, radieux encore de toucher dans un temps qui n'est pas précisément prospère, trois pour cent de leur argent, rien qu'en émargeant au budget.

Ce n'est pas là, du reste, le seul bénéfice qu'il faut envisager. Il est permis aussi d'évoquer les bénéfices moraux que recueilleraient les budgétivores en question, grâce à la facilité qu'ils auraient de créer des places pour leurs amis et de rétribuer sur le fonds commun leurs clients les plus fidèles, en un mot, leur suite de parasites et de serviteurs.

A côté de ces vices rhédibitoires de l'entreprise trop chaudement recommandée pour qu'on n'en suspecte pas l'absolu désintéressement, ne trouve-t-on pas que c'est aller un peu vite en besogne que de réclamer une garantie d'intérêt pour une Société soi-disant charitable non encore fondée, qui aurait dû, avant toutes choses, se constituer, faire acte d'existence légale et attester par des preuves irréfutables, par un commencement d'exécution, que le but poursuivi n'est pas de céder, avec profits, à la Société, des terrains acquis à vil prix, et sa principale préoccupation de faire, sans bourse délier et sans rien exposer, de lucratives opérations immobilières et politiques.

Mais ce sont là les côtés accessoires de la question, puisque le refus de la garantie municipale nous enlève le droit de les examiner et que nous avons confiance que le scandale d'une telle concession nous sera épargné, grâce au mouvement d'opinion si prompt et si spontané dont le Havre donne, en ce moment, le spectacle.

Ce fait d'en appeler à la conscience de la population,

le *Petit Havre* l'appelle « ameuter les contribuables ».

Et pourquoi les contribuables ne seraient-ils pas admis à exprimer leur sentiment, dans une affaire qui les touche de si près ?

Bon pour les moutons de se laisser tondre, sans protester, sans crier.

Des contribuables, des citoyens libres, des électeurs ne sauraient être traités comme des mineurs ou des individus en tutelle et ce ne sont pas les aménités que leur prodigue la feuille « démocratique et socialiste » qui les réduiront au silence.

A cribler les contribuables de ses quolibets de bon goût, à se moquer des « petits propriétaires victimes du pignon sur rue » et de leur « complainte », à conspuer le « propriétariat » même avec esprit, à traîner au pilori « M. Vautour et sa *lucrative industrie* » — qui, cependant, ne demande à être entretenue par personne et fournit quand même sa grosse quote part des dépenses publiques — à menacer ces propriétaires de rigueurs et « d'interdit », — le *Petit Havre* n'améliorera pas la cause, la mauvaise cause qu'une dure nécessité et l'abdication de son indépendance l'obligent à défendre. Il n'aboutira qu'à une affirmation de plus que le socialisme de son enseigne est tout de contrebande.

D'ailleurs, c'est encore le *Petit Havre* qui va nous fournir lui-même les moyens de montrer la fausseté de son attitude.

« 80 ou 100 logements salubres et à bon marché de plus dans la ville du Havre, dit-il, et voilà le *propriétariat* — à nous les néologismes ! — menacé de ruine...

» Assurément, ils (les nouveaux logements créés par la Société des habitations ouvrières) ne seront pas occupés par les pauvres diables qui *baugent* (très démocratique, l'expression, et très gracieux pour le peuple, notre confrère), qui baugent à la petite semaine ou à la journée. Ils seront recherchés par les ouvriers les plus aisés, par ceux qu'un travail régulier, l'ordre et l'économie ont conduits peu à peu l'habitude du bien-être...»

Eh bien, nous répondons, nous, que ces ouvriers-là n'ont besoin ni de vous, ni de votre socialisme frelaté, ni de votre Société encore plus suspecte.

Ceux-là sont casés, pourvus.

Ainsi, vous vous adressez à des citoyens qui, déjà, se passent de vous.

Vous repoussez de parti-pris, avec mépris, et vous outragez grossièrement et la masse des contribuables et les petits propriétaires, et les citoyens les plus malheureux, les plus intéressants qui ont le plus besoin d'assistance et de relèvement.

Vous offrez 80 à 100 logements. qu'il faut être « très aisé » pour occuper, à une population de 112,000 habitants !

Et vous vous targuez d'avoir résolu la question sociale !

Vous avez au contraire, démontré seulement, malgré vous, le caractère d'affaire de votre entreprise, et l'inutilité, bien plus, l'impossibilité, pour la Ville de vous accorder la garantie d'intérêt pour laquelle vous bataillez !

(Journal du Havre du 18 juin, et *Petit Républicain.)*

« Courrier du Havre »

I.

Les Logements ouvriers à bon marché

Nous avons rendu compte de la réunion tenue le 8 Juin et dans laquelle les promoteurs d'une Société financière ayant pour objet la construction de logements ouvriers à bon marché, ont développé leur programme et indiqué comment ils espéraient le réaliser.

Tout le monde se trouve d'accord pour reconnaître que l'amélioration, au point de vue de l'hygiène, des locaux occupés par la classe ouvrière, est un des nombreux problèmes de la question sociale. Mais cette unanimité disparaît dès qu'on aborde l'étude des voies et moyens.

Dans sa séance du 13 Octobre 1886, le Conseil municipal avait adopté les conclusions d'un rapport de M. le docteur Fauvel tendant à subventionner « une Société philanthropique ou financière » qui se présenterait pour construire des logements à bon marché, destinés aux ouvriers. La Ville s'engageait à garantir un intérêt de 4 1/2 0/0 pendant trente ans, sur un capital de 500,000 fr.

Ce programme ne devait s'appliquer qu'à de petites maisons ouvrières, louées à une seule famille, avec faculté d'acquisition par amortissement.

Les promoteurs de la Société dont nous parlons se sont rappelés ces propositions et ils disent aujourd'hui à la Ville : Nous éprouvons quelque scrupule à vous prendre au mot, à vous demander la garantie d'intérêt de 4 1/2 que vous avez libéralement promise. Nos prétentions sont plus modestes. Assurez-nous seulement une garantie de 2 0/0 et nous ferons élever, non pas des maisons isolées pour une famille, mais de grandes constructions à plusiers étages, avec des logements aérés, spacieux et disposés d'une façon confortable.

C'est cette demande de garantie qui a mis le feu aux poudres et soulevé dans le public une vive émotion. De nombreuses lettres de protestation nous ont été adressées, et nous en avons publié quelques-unes. Le *Journal du Havre* s'est prononcé aussi très nettement contre toute garantie. Il a fait remarquer que nos finances ne sont pas assez prospères pour autoriser de pareils procédés ; que la Ville ne pouvait pas, avec les fonds de la collectivité, subventionner une entreprise particulière, destinée à aggraver la position des petits propriétaires, en leur faisant concurrence et en leur enlevant leurs meilleurs locataires ; enfin que c'était se lancer dans une voie où l'on ne pourrait plus s'arrêter, parce que la Ville serait sans cesse sollicitée d'intervenir financièrement dans toutes les autres entreprises plus ou moins philanthropiques. Elle devrait, ou donner satisfaction à toutes ces demandes, et alors ce serait la ruine de nos finances, déjà bien compromises, ou refuser aux uns ce qu'elle accorderait aux autres, et, dans ce cas, ce serait le règne de l'arbitraire et du privilège.

Tous ces arguments sont excellents : pour notre part, nous n'hésitons pas à repousser, en principe, toute garantie d'intérêt.

En effet, à quel titre la demande-t-on ? Est-ce en

vertu du but poursuivi par les promoteurs de l'entreprise ?

Si leur but est purement commercial, de quel droit sollicitent-ils le concours des finances municipales ?

S'il est philanthropique, quelle est donc cette philanthropie menteuse et hypocrite qui veut bien avoir l'air de faire quelque chose pour la classe ouvrière, mais à la condition de n'en courir aucun aléa, de ne faire personnellement aucun sacrifice et de laisser à la masse des contribuables tous les risques de l'opération ?

Il est un argument qui n'a pas encore été produit et qui pourtant est essentiel. Le voici :

Pourquoi les promoteurs de la Société des logements à bon marché demandent-ils à la Ville du Havre une garantie d'intérêt, quand une entreprise pareille a été menée à bonne fin à Rouen, à Paris, à Lyon, à Marseille, à Londres, partout enfin où elle a été tentée, et cela sans qu'aucune garantie d'intérêt ou subvention quelconque ait été sollicitée ?

Pourquoi ce qui s'est fait ailleurs avec tant de succès serait-il impossible au Havre ? Est-ce parce que les promoteurs n'ont pas la foi qui transporte les montagnes ? ou envisagent-ils des risques trop considérables pour leur philanthropie ?

S'il en était ainsi, nous serions heureux de leur démontrer que leurs alarmes sont exagérées. Dans notre prochain numéro, nous prouverons, en effet, que, par les résultats financiers, donnés dans les autres villes, la construction des maisons à bon marché est une opération qui constitue un placement tout à la fois de père de famille et... de philanthrope bon teint, précisément parce qu'il n'est pas garanti en raison de 4 ou même de 2 0/0.

(*Courrier du Havre*, du 16 Juin.)

II.

Nous avons dit que les Sociétés qui s'étaient formées pour construire, dans certaines grandes villes, de vastes maisons à plusieurs étages destinées à fournir aux ouvriers des logements à bon marché, n'avaient sollicité des municipalités aucune garantie d'intérêt et étaient arrivées cependant, par leurs propres forces, à des résultats excellents, non-seulement au point de vue moral, mais encore au point de vue financier.

Voici nos preuves :

A LYON

Il y a sept ans environ, trois Lyonnais, hommes d'initiative et sincèrement résolus à faire leur « devoir social », MM. Gillet, Aynard et Mangini, se donnèrent principalement pour tâche de travailler à l'amélioration des logements occupés par les ouvriers. Au lieu de demander à la Ville de Lyon une garantie d'intérêt, sait-on ce qu'ils firent ? Ils formèrent une Société au capital de 200.000 francs, et c'est ce capital même qui servit de garantie à un prêt de 150,000 francs consenti par la caisse d'épargne de Lyon sur la partie disponible de ses réserves. On sait qu'indépendamment des fonds résultant des dépôts et qui doivent être intégralement versés à la Caisse de dépôts et consignations, les caisses d'épargne ont la libre disposition de certains fonds spéciaux provenant de l'écart entre le taux d'intérêt (3.75 0/0) servi par la Caisse des dépôts et consignations et celui payé par les caisses d'épargne aux déposants, en moyenne 3 fr. 50. Employer une partie de l'épargne populaire à améliorer les logements de l'ouvrier, c'était une idée ingénieuse et qui devait être féconde. En la mettant en pratique sur une large échelle, la caisse d'épargne de Lyon la signala particulièrement à l'attention des philanthropes. Toutefois, ce n'était pas là une nouveauté.

Dès 1882, la caisse d'épargne de Strasbourg prenait l'initiative de consacrer 392,000 fr. de ses réserves à la construction de maisons d'ouvriers. Dans une brochure parue en 1881, sous ce titre : *Dix jours en Italie*, M. Léon Say nous a appris que presque partout, en Italie, les caisses d'épargne emploient non-seulement leurs fonds libres, mais encore les fonds des déposants à la construction des petits logements et à la fondation de banques populaires. Enfin, sous l'habile et féconde impulsion de son président, M. Rostand, la caisse d'épargne de Marseille a suivi l'exemple de Strasbourg et de Lyon pour favoriser le développement des logements à bon marché.

Revenons à la Société immobilière de Lyon Avec les 150.000 francs prêtés à 4 0/0 par la caisse d'épargne et 27,000 francs pris sur le capital social, elle a fait construire un premier groupe de cinq maisons, qui réunit toutes les conditions d'espace, de propreté, de confortable et de bon marché. Les appartements les plus grands ont trois pièces de 20 mètres carrés en moyenne sur 3 mètres 30 de hauteur ; ils sont tapissés et parquetés, sauf la cuisine qui est carrelée. Ils ont l'eau et un water closet à l'intérieur. Ils ne coûtent que 21 fr. 50 par mois. En général, le prix de ces loyers est d'un tiers au-dessous du prix-courant dans le même quartier.

Dans ces conditions, les demandes de locations affluèrent et, encouragée par un premier succès, la Société étendit rapidement ses opérations. Voici quelle est aujourd'hui la situation : La Société primitive s'est transformée en Société annonyme au capital de deux millions. La Caisse d'Epargne, qui dans le principe n'était qu'un prêteur, est devenue actionnaire pour

500.000 fr. La Société possède 45 grandes maisons comprenant 670 logements, tous clairs, propres, spacieux, bien aérés. Leur prix varie de 180 à 250 fr. pour trois pièces, ce qui constitue un écart de plus de 25 0/0 avec le prix courant des locations, sans compter la supériorité.

Naturellement, les demandes ont afflué et la Société a pu faire un excellent choix de locataires. Aussi les vacances et non-valeurs n'ont-ils pas dépassé 1/59e des loyers bruts.

L'exploitation générale donne un revenu net de 5.10 0/0, suffisant pour payer aux actionnaires un intérêt de 4 0/0 — taux qu'ils se sont interdit de dépasser — et pour constituer une réserve qui permet d'étendre les opérations sociales.

La Société immobilière de Lyon est arrivée à ces brillants résultats, parce qu'elle a été dirigée dans un esprit d'économie éclairée et de contrôle rigoureux. Les constructions à quatre étages ont été faites d'après des plans si habilement conçus que leur prix n'a pas dépassé 240 fr. le mètre courant, soit près de 50 0/0 au-dessous du prix des constructions similaires.

Enfin, le président et les administrateurs apportent un concours absolument gratuit.

A ROUEN

Dès le mois de mai 1887, la Société des logements d'ouvriers, due à M. Le Picard, avait dépensé 450.000 fr. Elle obtenait un revenu net de 20.000 fr., le revenu brut étant de 35.000 fr. Afin d'éviter toute idée de spéculation, les statuts ont décidé — comme ceux de la Société immobilière de Lyon — que le revenu des actions ne pourrait dépasser 4 0/0. Ces 18.000 fr. étant fournis, il restait encore des ressources largement suffisantes pour couvrir les non-valeurs. La situation de cette Société rouennaise est toujours prospère. Elle a le mérite de n'avoir compté que sur elle-même.

A PARIS

La Société philanthropique n'a pas eu à se préoccuper de chercher un capital pour la construction de logements d'ouvriers ; elle l'a trouvé dans la généreuse donation de 765.000 fr. que lui firent MM. Armand et Michel Heine. Avec ce capital, elle a fait construire trois grandes maisons habitées par 138 familles. Les aménagements sont parfaits : planchers parquetés, water-closet à fermeture automatique, eau dans chaque ménage, cave, etc. Le prix des logements varie 148 à 350 fr., suivant le nombre de pièces et l'exposition.

Le revenu est de 5.60 0/0 du capital dépensé. Sur ce revenu 1.60 est affecté à l'entretien. Il reste donc 4 0/0, qui pourraient être distribués aux actionnaires si l'affaire avait un caractère commercial. et qui, d'après les volontés des donateurs, sont destinés à reconstituer sans cesse le capital de premier établissement pour construire de nouvelles habitations.

A LONDRES

A Londres, les maisons élevées avec les 12 millions donnés par le généreux Peabody ne rapportent que 3.50. Cela tient, sans doute, à ce que, cet énorme capital provenant d'une donation, on n'a pas apporté, dans les constructions, une sévère économie ; on a voulu honorer la mémoire du donateur en faisant grandement les choses.

Ce qui le prouve, c'est que trois grandes Sociétés

immobilières, ayant également un but philanthropique, obtiennent régulièrement un revenu de 5 0/0.

Il faut croire que ces entreprises ne sont pas ruineuses puisque, si nous en croyons la conférence faite dernièrement dans notre ville par M. Picot, des Sociétés poursuivant un but philanthropique, *par des moyens commerciaux*, ont consacré, dans Londres, la somme énorme de 100 millions à la construction de maisons qui sont habitées par 20.000 familles.

SIMPLE COMPARAISON

Les capitaux employés à la construction de logements à bon marché rapportent donc à Lyon, à Rouen, à Paris et à Londres un intérêt dépassant 5 0/0.

Combien, à l'heure actuelle, y a-t-il de fermes dans notre région qui produisent un pareil revenu ? Pas une, sans doute. On est bien heureux quand on perçoit 3.50 0/0.

Quant aux immeubles situés dans les villes, leur rapport est plus grand, mais cet écart tend chaque jour à diminuer. Dans sa Revue financière de lundi dernier, le *Soleil* publiait ces renseignements intéressants :

Les ventes d'immeubles ont été peu nombreuses la semaine dernière, mais le taux de capitalisation tend toujours à diminuer. Peu d'immeubles se sont vendus au-dessus de 5 0/0 de revenu net.

Situation	Rev. net	Adjud^on	Placement
Quai Béthune, 30	16.500	312.050	4.84 0/0
Rue des Deux-Gares, 16......	10.400	190.000	4.90 »
Rue Pastourelle, 30..........	8.200	140.600	5.03 »
Rue Général-Foy, 4..........	37.500	955.050	3.60 »
Boulevard Beaumarchais, 36..	10.200	180.000	5.19 »
Rue d'Aboukir, 31............	18.600	268.500	6.15 »
Rue N.-Dame-de-Nazareth, 36.	14.500	200.050	6.51 »

On le voit, le revenu net des constructions ouvrières à Rouen, Paris, Lyon et Londres est, en moyenne, le même que celui des immeubles parisiens dont nous donnons le tableau ci-dessus. Il représente une rémunération normale des capitaux. qui peuvent s'engager sans crainte dans une opération de cette nature. Ce qui le prouve, c'est que les caisses d'épargne de Strasbourg, de Lyon et de Marseille n'ont pas hésité, malgré la prudence traditionnelle de ces établissements, à s'intéresser pour de fortes sommes, soit comme prêteurs, soit comme actionnaires, dans les diverses Sociétés immobilières dont nous venons de parler.

En présence de tous ces exemples si concluants, on ne comprend donc pas que les promoteurs havrais d'une Société ayant pour objet la construction de logements à bon marché, sollicitent de la Ville une garantie d'intérêt.

S'ils sont vraiment des hommes d'initiative, qu'ils imitent l'exemple que leur donnent les sociétés similaires de Rouen, de Lyon et de Londres. Ils ne sont plus aujourd'hui en face de l'inconnu ; la voie est tracée ; ils n'ont qu'à la suivre.

En semblable matière, on peut faire le bien sans sacrifice : s'il y a un aléa quelconque, on avouera qu'il est bien faible ; dans tous les cas, c'est lui seul qui peut donner à une pareille entreprise un caractère philanthropique et parfaitement désintéressé. Si cet aléa n'existait pas, nous ne nous trouverions plus qu'en présence d'une opération commerciale, assurant aux actionnaires un placement de père de famille.

Nous repoussons la philanthropie garantie... à 2 0/0.

(*Courrier du Havre*, du 17 Juin.)

III.

A propos de la Garantie d'intérêt

Nous croyons avoir démontré que, dans toutes les villes où des Sociétés, obéissant à l'impulsion soit de la philanthropie, soit de la spéculation, avaient bâti des maisons collectives pour les ouvriers, elles avaient réussi à trouver une rémunération du capital égale et souvent supérieure à 5 0/0 du revenu net, sans recevoir des municipalités ni subvention, ni garantie d'intérêt. Pourquoi, avons-nous demandé, ce qui s'est fait ailleurs, avec tant de succès, par le seul concours des forces individuelles, ne pourrait-il pas se faire aussi chez nous ? Nous avons la réputation d'être doués de l'esprit d'entreprise, d'être une ville ouverte à toutes les idées de progrès et de sage philanthropie ; le Havre est une ville américaine, dit-on. Cette renommée est-elle donc usurpée au point que, dans cette question des logements ouvriers, l'initiative individuelle aurait besoin d'être stimulée par une garantie d'intérêt, qui n'a été réclamée ni à Rouen, ni à Lyon, ni à Marseille, ni à Nancy, ni à Londres ?

Nous n'en croyons rien, et, à notre avis, c'est faire injure à ceux qui, dans notre ville, sont, à des titres divers et sous différentes formes, les agents généreux de la réforme sociale, que de faire de la garantie d'intérêt la condition *sine quâ non* de leur dévouement aux intérêts populaires.

Le *Petit Havre* a bien voulu nous dire que notre étude était « fortement documentée ». Nous le remercions de ce jugement bienveillant, mais nous regrettons que notre démonstration, si fortement documentée qu'elle soit, n'ait pas eu le don de le convaincre, car voici ce qu'il nous répond :

« Ceci prouve en même temps que la Ville, en s'associant à la création des maisons ouvrières au Havre, *ne ferait que donner à l'œuvre son patronage moral, sans engager bien sérieusement les finances municipales.* Et, dans les discussions qui se sont produites précédemment au Conseil municipal, c'est, en effet, cette idée de patronage qui s'est affirmée. Un des membres du Conseil la traduisait en ces termes : « **La Ville démontrerait** *qu'il est possible » de faire des logements à bon marché* avec un » intérêt suffisant pour le capital employé. »

» Il s'agit, en effet, *d'une expérience en grand, dont le succès doit être le point de départ d'un plus grand mouvement,* pour la construction des logements d'ouvriers, dont le nombre, le bon marché et le confortable soient en rapport avec l'accroissement de la population ouvrière au Havre, avec ses besoins de bien-être, d'hygiène et de moralisation. »

Comment le *Petit Havre* ne s'aperçoit-il pas de la contradiction dans laquelle il tombe ? Il reconnaît, d'une part, que nous avons prouvé d'une façon péremptoire, d'après de nombreux exemples, que l'on peut engager sans crainte, dans la construction des maisons collectives pour ouvriers, des capitaux importants puisque leur rémunération est égale, quand elle n'est pas supérieure, à 5 0/0 de revenu net ; puis, d'autre part, notre confrère soutient que la Ville du Havre doit accorder une garantie d'intérêt, parce qu'elle **démontrerait** par là qu'il est possible de faire des logements à bon marché.

Là est l'inconséquence. En effet, à quoi bon cette démonstration, puisque l'expérience a été faite avec succès dans toutes les villes que nous avons citées ?

Quand, en 1886, notre Conseil municipal promettait une garantie de 5 0/0 aux capitaux qui seraient employés à la construction des habitations ouvrières, il pouvait invoquer la nécessité d'une expérience, car les Sociétés immobilières de Rouen, de Paris, de Lyon, de Nancy et de Londres ou n'existaient pas ou n'avaient pas encore eu le temps de donner la mesure de ce qu'elles pouvaient faire. Mais depuis cette époque, les choses ont marché ; des expériences en grand — la Société immobilière de Lyon est au capital de deux millions — ont montré que la solution du problème n'était pas aussi difficile qu'on le pensait, et que l'on pouvait faire le bien tout en faisant un placement.

Le *Petit Havre* nous dit que la municipalité, si elle donnait une garantie d'intérêt, « ne ferait que » suivre l'exemple d'autres municipalités, celle de » Lille, par exemple, qui n'a pas hésité à s'engager à » garantir 5 0/0 pendant cinquante ans, à une Société, » pour la construction de maisons ouvrières, formée » au capital de 2 millions et qui a..... *(sic).* »

Notre confrère oublie de faire remarquer que ce vote du Conseil municipal de Lille date de *1865*. C'était alors le début du mouvement en faveur des habitations ouvrières, mouvement en grande partie provoqué par le livre si poignant de Jules Simon, l'*Ouvrière*. On ne connaissait pas le terrain sur lequel on s'aventurait. On se disait que des mécomptes pouvaient survenir et dépasser la somme des efforts généreusement consentis ; il était donc tout naturel qu'on limitât ces sacrifices dès le principe, au moyen d'une garantie d'intérêt. Aujourd'hui, cet inconnu n'existe plus. Il suffit d'appliquer au Havre les principes appliqués ailleurs ; ils donneront les mêmes résultats.

D'ailleurs, la Société immobilière de Lille, dont parle notre confrère, avait pour objet uniquement la construction des maisons isolées, affectées à un ou deux ménages, au plus. Or, si les grandes maisons collectives, élevées dans les villes, ont partout donné les brillants résultats que nous avons constatés. l'entreprise des petites habitations avec jardinet a toujours .eu, au contraire, des résultats incertains, heureux dans certaines localités, défavorables dans d'autres. A la rigueur et en faisant abstraction de toutes autres considérations, cette incertitude même dans le succès final, pourrait motiver une garantie d'intérêt ; mais, hâtons-nous de le faire remarquer, la Société havraise, dont il s'agit, ne se propose pas de construire des petites habitations particulières, mais de grandes maisons collectives, conçues d'après les plans qui ont assuré la prospérité de semblables entreprises à Rouen, Paris, Nancy, Lyon et Londres. Elle peut profiter d'expériences faites sur une large échelle, dans les conditions les plus diverses et qui, toutes, ont réussi, au point de vue moral et financier. Pour toucher au même but, elle n'a donc qu'à s'inspirer de ce que les autres ont fait. Pour cela, une garantie d'intérêt n'est vraiment pas nécessaire; elle ne pourrait que compromettre, aux yeux du public, le caractère philantropique d'une pareille entreprise.

FAUSSE ROUTE

Mais le programme ayant pour objet la construction des maisons collectives, dans les conditions indiquées par les promoteurs de la Société havraise, pourrait-il, s'il était appliqué, remédier, même partiellement, aux nombreuses misères que l'on se propose de soulager ?

Nous ne le croyons pas. Nous pensons que, dans cette question de logements ouvriers, on fait fausse route et que l'on commence cette réforme nécessaire par où l'on devrait la finir.

C'est ce que nous nous proposons de démontrer dans un prochain numéro.

(*Courrier du Havre*, du 21 juin.)

IV

Le projet d'une Société havraise pour la construction des logements ouvriers à bon marché a rencontré le meilleur accueil, ainsi que le prouve cette première liste de souscription :

Mme Levesque, née Thiéchard......F.	50.000
M. Jules Siegfried....................	25 000
M. et Mme F. Kronheimer............	15.000
M. Ed. Latham.......................	15.000
M. Th. Breckenridge..................	10.000
M. Busch............................	10.000
M. E. Dubosc........................	10.000
M. L. Haas..........................	10.000
M. G. Hess..........................	10.000
M. F. Jung..........................	10.000
M. Kerdyck..........................	10.000
M. Leplay...........................	10.000
M. F. Mallet........................	10.000
M. Emile Masquelier.................	10.000
M. Alfred Mignot....................	10.000
Les Neveux de Georges Schmidt......	10.000
M. Weissemburger....................	10.000
A Reporter.....	185.000

Report	185.000
M. L. Lavotte........................	6.000
M. Joannès-Couvert....................	5.000
M. Delachanal........................	5 000
M. Fernand Sauquet..................	5.000
M. H. Génestal........................	5.000
M. Ch. Ledoux........................	5.000
MM. J. et L. Rœderer..................	5.000
MM. Westphalen et Cie................	5.000
M. Emile Dupont......................	3.000
M. Jules Chaillié......................	2.500
M. H. Collet..........................	2.500
M. Victor Henrotin....................	2.500
M. H. Jardin..........................	2.500
M. Fritz Koch........................	2.500
M. H. Mundler........................	2.500
M. Paul Perquer......................	2.500
M. Joseph de Querhoënt..............	2 500
M. Ch. Rollhaus......................	2.500
	Fr. 301.500

Le *Petit Havre* fait suivre la publication de cette liste de ces réflexions :

« Qui oserait dire que ces capitalistes cherchent, » dans l'entreprise des maisons ouvrières, autre chose » que l'appui prêté à une œuvre philanthropique, et » qu'ils immobilisent ainsi des fonds importants, dis- » traits de leurs affaires, pour l'appât d'un placement » à 4 0/0 ? »

Qui oserait dire cela ? Mais personne assurément. Nous sommes absolument convaincu qu'au Havre moins qu'ailleurs il était nécessaire de faire miroiter une garantie d'intérêt quelconque pour assurer le succès d'une pareille entreprise. Les noms seuls des souscripteurs prouvent, en effet, comme le dit notre confrère, que ce n'est pas l'appât d'un placement de 4 0/0 qui les a déterminés à souscrire pour des sommes aussi importantes. Ils auraient certainement agi de même en l'absence de toute garantie d'intérêt.

C'est parce que nous avions une haute opinion de nos concitoyens que nous avons repoussé cette combinaison comme inutile. En principe, il est toujours mauvais de faire intervenir les pouvoirs publics — Etat, département ou commune — quand on peut se passer de leurs concours.

En fait, la garantie de la Ville restera purement nominale. Nous ne connaissons pas, en effet, de Société ayant pour objet la construction de maisons collectives pour ouvriers qui ait échoué. Il en sera certainement de même dans notre ville.

Toute réserve faite en ce qui concerne la clause de garantie, nous applaudissons donc à la création de cette entreprise, qui rendra de vrais services, moins peut-être par le nombre forcément restreint des logements confortables et relativement bon marché qu'elle mettra à la disposition des ouvriers, que par l'exemple qu'elle donnera aux particuliers et aux entrepreneurs. Jusqu'à présent, ceux qui cherchent dans la construction des immeubles le placement de leurs capitaux ont surtout visé à avoir des logements d'un loyer de 500 fr. et au-dessus. Ils n'ont pas cru à la possibilité de distribuer leurs immeubles pour appartements de 200 à 400 fr., sans s'exposer à une diminution notable de leur revenu. Il en résulte que, dans notre ville, les petits logements à bon marché, bien clairs, bien aérés, avec un aménagement rationnel, sont excessivement rares.

Il se fait en ce moment une réaction contre ce préjugé. A Paris, plusieurs personnes, parmi lesquelles nous citerons un homme bien connu, M. Lefébure, ont démontré qu'il était possible de construire des maisons distribuées en petits logements économiques pour les ouvriers et de tirer en même temps un revenu satisfaisant des capitaux engagés dans l'immeuble. Cet exemple a porté ses fruits et M. Lefébure a maintenant de nombreux imitateurs.

La Société Havraise, qui est en voie de formation, est appelée à donner le même élan dans notre ville.

Ce sera là, à notre avis, son principal mérite.

(*Courrier du Havre*, du 23 juin.)

V.

Les Logements ouvriers à bon marché

En 1888, quand il fut saisi de l'étude de la question des habitations ouvrières, le Conseil municipal reçut entre autres renseignements, communication de cette statistique des locations au Havre :

VALEURS LOCATIVES des Habitations personnelles	Imposables	Indigents	Total
9.001 fr. et au-dessus	1	»	1
7.001 à 9.000	1	»	1
5.001 à 7.000	16	»	16
3.001 à 5.000	89	»	89
1.001 à 3.000	887	»	887
501 à 1.000	1.995	»	1.995
500	610	»	610
450	334	1	335
400	909	4	913
350	639	6	645
300	1.719	128	1 847
250	1.472	566	2.038
200	1.557	2.857	4 414
150	1.283	4.955	6.238
100	970	5.428	6.398
moins de 100..............	420	4.161	4 531
Totaux............	12.902	18.106	31.008

Nombres de valeurs locatives des habitations personnelles de 500 fr. et au-dessus.....	Imposables...........	9.913
	Indigents............	18.106
	Total.....	28.019
Montant des valeurs locatives des habitations personnel[es]	des Imposables...........F.	6.021.785
	des Indigents...............	2.350.370
	Total..........F.	8.372.155
Nombre de cotes personnelles imposables	Chefs de ménage.................	12.408
	Personnes de la famille autres que le chef de ménage.................	620
	Total.................	13.028
Nombre d'indigents (chefs de ménage non passibles de la cote personnelle)...............................		18.600

Ainsi, sur 31,008 habitations, il y en a 21,631 d'une valeur locative inférieure à 200 fr. et sur ces 21,631 logements, 4,581 sont loués moins de 100 fr.

Enfin, le nombre des indigents (chefs de ménage) non passibles de la cote personnelle est de 18.600, tandis que les cotes personnelles imposables (chefs de ménage), s'élèvent seulement à 12,408.

Ces chiffres accusent une situation lamentable, bien digne d'attirer toute la sollicitude des philanthropes.

Parmi les divers moyens proposés pour venir en aide aux classes laborieuses, figurent en première ligne l'amélioration, au point de vue sanitaire, des logements qu'elles occupent et la réduction du prix des locations.

La formation d'une Société ayant pour objet la construction, au Havre, de maisons collectives ne réalisera qu'une partie de ce programme, la moins importante et la moins urgente. Le résultat ne sera, croyons-nous, en rapport ni avec l'effort fait, ni surtout avec l'importance des capitaux immobilisés.

Expliquons-nous.

Pour prouver combien est nécessaire la construction des maisons collectives pour les ouvriers, les promoteurs de cette entreprise nous montrent les logements malsains habités par une population nombreuse ; ils insistent sur les tristes conséquences de cet état de choses au point de vue de la morale, compromise par une fâcheuse promiscuité, de la désorganisation de la famille et de l'hygiène. La peinture est fidèle, mais le remède proposé s'applique-t-il au mal qu'il faut combattre ? En un mot, les maisons collectives que l'on se propose d'élever, à grand renfort de capitaux, sont-elles destinées à recevoir, comme locataires, cette partie de la population, qui est la plus intéressante, parce que l'insuffisance de ses ressources la condamne à habiter ces logis malsains, dont on nous fait une si navrante description !

Nullement ! Ces maisons collectives, qui seront aménagées avec tout le confort moderne, seront occupées par l'élite des ouvriers et des employés. « Ces logements, dit avec raison le *Petit Havre*, seront recher-
» chés par les ouvriers les plus aisés, par ceux qu'un
» travail régulier, l'ordre et l'économie ont conduits
» peu à peu à l'habitude du bien-être. » C'est précisément parce que, à Rouen, à Paris, à Lyon, à Nancy et à Londres, les Sociétés immobilières ont eu cette clientèle de choix, qu'elles ont pu obtenir une rémunération normale de leurs capitaux ; c'est pour cela que la Société havraise en voie de formation peut compter aussi sur le succès.

Mais si le résultat est satisfaisant, au point de vue financier, l'est-il autant au point de vue philanthropique, le seul important dans cette question ? Nous ne le pensons pas, puisqu'il aboutira tout simplement à *augmenter le bien-être d'ouvriers qui sont déjà dans l'aisance.*

Qu'on veuille bien ne pas se méprendre sur notre pensée! Nous ne soutenons pas qu'en agissant ainsi, on fait une œuvre inutile. Nous estimons simplement que l'on commence par où l'on aurait dû finir, c'est-à-dire que l'on aurait dû songer d'abord aux ouvriers qui ne sont pas aisés, à ceux qui n'ont pas encore aucune « habitude du bien-être ». Comment! il y a dans notre ville 18.600 indigents, vivant, pour la plupart, dans d'infects taudis, et, au lieu de s'occuper de ces infortunés, on vient en aide à qui ? A ceux de nos concitoyens qui n'ont besoin de rien et qui ne sollicitent rien !

Cette inconséquence a sans doute frappé le *Petit Havre*, car il ajoute : « Mais la création de ces habi-
» tations nouvelles amènera la possibité d'un déplace-
» ment, par lequel, du haut en bas de l'échelle du pro-
» létariat, une amélioration pourra se produire dans
» l'installation de vie d'un nombre considérable de
» familles ouvrières. Ce sera une première ascension
» vers l'air et la lumière, vers l'hygiène et la morale,
» qui dégagera par en bas 80 ou 100 ménages de parias
» réduits à croupir dans toutes les abjections. Voilà
» quel sera le premier et immédiat résultat. *bien*
» *minime et bien insuffisant encore*, mais probant,
» de la création qu'on projette. »

Oui, ce résultat sera, en effet, bien minime et bien insuffisant. La plus importante des Sociétés immobilières, celle de Lyon, a dépensé près de deux millions pour fournir à la classe ouvrière seulement 670 logements. Combien faudra-t-il donc dépenser de millions, au Havre, pour que, du haut en bas de l'échelle du prolétariat, il se produise un déplacement assez large pour faciliter rapidement cette ascension vers l'air et la lumière dont nous parle notre confrère ? Que d'efforts et quel temps ne demandera pas cette heureuse transformation ? Si elle se produit jamais, ce ne sera pas la génération actuelle qui en sera témoin. Pendant ce temps, nos 18.600 « parias » continueront donc « à croupir dans toutes les abjections ».

Au lieu de faire ce long détour, ne serait-il pas préférable d'attaquer directement le mal, de chercher une combinaison permettant de fournir des habitations à bon marché, non pas aux ouvriers aisés, mais à ceux dont la position est plus ou moins précaire, et qui, pour ce motif, sont condamnés à vivre dans des logements tout à la fois très coûteux et très malsains ?

Oui, dira-t-on ; mais n'est-ce pas là un problème impossible à résoudre ?

La solution pratique peut être difficile à trouver : est-ce une raison pour ne pas la chercher ?

J. BRENIER.

(*Courrier du Havre*, du 24 Juin.)

Au moment où cette brochure est mise sous presse, l'intéressante étude de M J. Brenier n'est pas encore terminée.

Les passages reproduits ci-dessus suffisent cependant pour empêcher toute interprétation équivoque.

DANS LE PUBLIC

Les polémiques engagées dans la presse au sujet de la garantie d'intérêt répondaient si bien aux préoccupations du public et à l'intérêt de la population, qu'à peine soulevées, un grand nombre de communications furent faites aux journaux, attestant toutes que l'opposition était non moins vive que générale.

Nous reproduirons seulement les plus caractéristiques de ces lettres, celles qui présentent le résumé le plus complet des sérieux arguments invoqués contre la garantie d'intérêt par la Ville.

I.

« Havre, le 10 juin 1891.

« Monsieur le rédacteur,

» La réunion de lundi dernier, à la Lyre havraise, vous a fait consacrer, hier, un excellent et spirituel article à la question des logements à bon marché, ou, plutôt, à ce qu'il y a d'inacceptable, au point de vue municipal, dans l'idée, assez candidement présentée, que caressent les promoteurs de la campagne, en ce moment menée dans notre ville, à l'égard de cette question et des projets qui s'y rattachent.

» Tout en rendant hommage aux intentions, certainement très pures et très *philanthropiques*, des capitalistes qui ont en vue de se grouper et de s'organiser pour la construction d'habitations ouvrières à bon marché, et qui entendent ainsi faire du *véritable socialisme*, suivant une expression quasi religieusement lancée et recueillie dans la réunion de lundi, on ne peut, comme vous, que s'étonner des convoitises qui menacent déjà les disponibilités attendues de notre conversion.

» En effet, on ne saurait admettre que notre Conseil municipal, auquel un nouveau baptême électoral a dû être imposé, par l'embarras financier où nous nous trouvons à la suite d'entraînements irréfléchis trop longtemps subis par lui, puisse se prêter aux fantaisies philanthropico-industrielles, dans lesquelles on se propose de le lancer prochainement ; et l'on ne peut que vous savoir gré d'avoir pressenti et indiqué, d'une manière aussi humouristique que concluante, la réponse que le bon sens dictera à nos conseillers municipaux, lorsqu'ils seront saisis de la proposition tendant à faire garantir par la Ville, ou un intérêt minimum de 4, 4 1/2 0/0, ou une *subvention* de 10,000 fr., soit de 2 0/0, à la Société, dont le capital de 500,000 fr. ne produirait qu'un intérêt inférieur à 4 0/0, proposition faite par les honorables orateurs de lundi.

» Pour justifier la demande d'une telle subvention, ces messieurs invoquent des motifs d'ordre économique, hygiénique, moral et social ; mais ces motifs, groupés d'une manière bien trop exclusive et partiale, ne permettent raisonnablement pas de reconnaître comme une œuvre réellement, essentiellement et nécessairement d'intérêt général et public cette entreprise, parfaitement industrielle et spéculative, dont le caractère humanitaire pourrait, ainsi que vous le dites très bien, fournir matière à contestation.

» Ce n'est pas qu'on doive décourager ceux qui se mettent, dans un but fort louable, à la tête de cette entreprise ; mais il faut que l'expérience tentée, se fasse entièrement aux risques et périls de ceux qui se donnent pour mission de la mener à bien. Il n'est ni nécessaire, ni utile, ni juste, de faire intervenir l'assemblée municipale ou les pouvoirs publics dans une question d'ordre privé qui, pas plus qu'aucune autre, ne mérite d'échapper au droit commun.

» Quand on veut faire de la philanthropie par des moyens commerciaux, on ne peut recourir à l'autorité publique pour en obtenir des privilèges : on se place nécessairement sur le terrain de la concurrence et l'on n'en peut sortir que par une véritable spoliation. C'est ce qu'il ne faut pas oublier.

» Les petits loyers, nous dit-on avec raison, sont excessivement élevés et pèsent lourdement sur les malheureux ; mais si l'on peut citer, d'une façon très exceptionnelle, des revenus de 8 0/0 et 20 0/0, on pourrait bien plus facilement mettre en regard les risques évidents et les nombreux loyers impayés des petits propriétaires qui, n'ayant pas la ressource des subventions municipales, ne peuvent guère s'offrir le mérite de la philanthropie à 4 0/0.

» Certes, faire tout ensemble du *socialisme* et un placement *intelligent*, n'est pas banal, et l'on voit bien que tout le monde n'entend pas les choses comme le philanthrope Peabody qui, lui, par ses *legs*, a bien entendu faire, autant qu'on peut le comprendre, uniquement de la charité.

» Du reste, l'intérêt de 3 1/2 0/0 que produisent ces fondations *charitables*, comprenant à la fois l'intérêt et l'amortissement, c'est-à-dire la reconstitution du capital, n'est pas pour produire — dans les conditions habituelles où sont placés la plupart des capitalistes, nécessairement et comme tout le monde, consommateurs de capitaux — une accumulation permettant de regarder comme résolue une des plus importantes questions de la constitution sociale.

» Il ne faut pas se payer de mots ; et comme on n'a certainement pas la prétention de détruire, sans indemnité préalable et comme en matière d'expropriation publique, les villes et cités existant sous le régime civil actuel de la propriété française, nous ne pouvons concevoir comme justifié un appel aux finances municipales en vue d'une arbitraire perturbation économique. La Ville n'a ni la mission, ni le droit de déprécier les propriétés immobilières en raréfiant artificiellement les locataires. Ce serait, comme nous l'avons dit, une véritable spoliation.

» La concurrence existe parfaitement pour les petits loyers, surtout pour les petits loyers — cela est trop naturel — mais il faut tenir compte des risques spéciaux, inhérents aux petits loyers ; et la nouvelle fondation ne pouvant qu'enlever leurs meilleurs locataires aux petits propriétaires, ne travaillera qu'à ruiner ceux-ci et à renrichir les petits loyers restants.

» La cause économique du mal dont souffre la population ouvrière n'est pas imputable aux petits propriétaires; elle est due, et tout le monde le sait bien, à l'aggravation des impôts, à l'augmentation des charges publiques. Ce n'est donc pas un remède économique offert à la population que celui par lequel, négligeant totalement la cause de nos maux, on tente de détruire, au moins partiellement, des capitaux péniblement amasssés.

» Quant au côté hygiénique de la question, il n'est pas douteux que beaucoup de logements d'ouvriers ne sont pas dans des conditions satisfaisantes sous ce rapport : mais il n'est pas douteux, non plus, que les mauvaises conditions hygiéniques ne sont supportées que grâce à une extrême misère, laquelle suffira toujours à écarter des cités ouvrières *philanthropiques*, ceux qu'elle dévore.

» Et puis, n'est-ce pas, au regard de la salubrité municipale, l'affaire essentielle de la commission des logements insalubres ? A qui donc revient-il de s'occuper de la question des locaux trop exigus et malsains, de tout ce qui, enfin, peut amener des épidémies ?

» Tous les logements doivent être confortables et salubres. — Cette formule absolue nous mènerait loin, bien plus loin que ne voudraient aller ceux qui recourent au *tarte à la crème* de notre époque, ceux qui croient faire du *véritable socialisme*.

» Du reste, il est très joli et très intéressant de faire des statistiques, mais en ceci, comme en toutes choses, un peu d'analyse n'est pas inutile. La population la moins condensée donne proportionnellement une mortalité moindre, mais dans nos villes la population la moins condensée est, naturellement, la population riche, ou plutôt et d'une manière générale, celle qui a une aisance relative. Par quoi remplacera-t-on cette aisance relative et cette condensation faible de la population ?

» Le logement n'est pas tout. A l'épuisement de la population par le travail, il faut qu'une bonne alimentation corresponde. Qui donnera l'alimentation copieuse, nécessaire aux familles ouvrières ? L'hygiène bien entendue commence par là ; mais n'avions-nous pas raison de dire que cela nous mènerait loin ! Dans les cités ouvrières, nous dit-on, la mortalité est extrêmement faible ! Mais, naturellement : il en est de ceci comme des Sociétés de secours mutuels ; n'y entre pas qui veut ! Une enquête sérieuse et préalable a toujours lieu. On demande — des capitalistes qui sont en même temps des philanthropes ne peuvent moins faire — des garanties d'ordre, de moralité, de santé, etc., choses qui souvent paraîtraient bien saugrenues et bien intempestives de la part du petit propriétaire isolé ! Une sélection sérieuse, un triage bien fait, des moyens d'information bien appropriés, quoi de meilleur pour écarter le misérable que ronge la misère et la maladie ! Quoi de meilleur pour obtenir des résultats statistiques démontrant que l'on ne meurt que très peu dans les cités philanthropiques ! Parbleu !

» Il en est de même au point de vue moral. Quand on opère une sorte de triage dans la population ouvrière : quand on embéguine, pour ainsi dire toute une catégorie de familles, et qu'on se préoccupe philanthropiquement de leur situation particulière, en vue de ne pas laisser péricliter l'œuvre à laquelle on les a attachées, il est évident que la condition morale qu'elles présentent, doit naturellement être ou paraître supérieure à celle dans laquelle resteront plongés, par exemple, les malheureux presque vagabonds ou pensionnaires de nos établissements de pure charité, qui jamais n'en seront les élus.

» La vie d'intérieur, l'amour du foyer, l'attachement de famille, mais tout cela c'est l'idéal, et, pour l'avoir, combien sacrifieraient volontiers ce que l'on appelle les joies grossières du cabaret ! Mais le foyer attrayant, c'est la femme, c'est l'enfant à la maison ; mais faites donc une fois le budget domestique de la moyenne — je dis la moyenne — de nos journaliers, employés de ci de là, au hasard de la rencontre. A-t-on seulement résolu la question des jetons de travail, pour des gens qui font quelquefois une, deux ou trois journées par semaine ? Est-ce que la femme n'est pas tenue d'apporter un supplément de salaire — c'est la dot de l'ouvrière — au mari dont le travail ne peut suffire à faire vivre la famille.

» Ah ! les questions humanitaires, les questions sociales, voyez-les donc comme elles sont, et prenez garde d'aggraver les maux que vous voulez guérir ! Tout se tient, voyez-vous, et vous aurez beau faire, si vous n'allez pas à la source du mal, vous n'aurez rien fait ; or, la source du mal, vous l'avez dans l'effrayante aggravation des charges publiques ; mais votre situation politique ne vous permettra pas, de longtemps, d'y porter la main !

» Tout ce que vous pouvez faire, c'est de répartir, avec le plus d'équité possible, ces charges écrasantes ; c'est de vous efforcer à ne les pas augmenter ; c'est de ne pas édifier de nouveaux privilèges ; c'est de ne pas démoraliser les fonctions publiques sous la funeste manie de nous ne savons quelle idée, dont tous les partis vont maintenant se disputant l'étiquette, avec l'arrière-pensée de s'en faire un moyen d'accès et de maintien au pouvoir.

» Vraiment ! c'est là du véritable socialisme ! Que sont donc devenus les énergiques appels à l'initiative privée ; les reproches foudroyants à la passivité française, attendant des autorités le signal du progrès ? Nous en sommes à demander des garanties et des subventions aux municipalités ? — C'est un moyen socialiste, peut-être ; mais c'est un précédent anti-social, à coup sûr ! et si l'on en veut faire une question de principe ; eh bien ! nous aurons rarement vu chose plus dangereuse et plus immorale, que cette main mise audacieuse sur les caisses publiques ; que ce retour aux plus perfides privilèges ; que cette atteinte véritable à la propriété publique et privée !

» Nous voyons là quelque chose qui rappelle les

clients de l'ancienne Rome, et nous savons bien quels ouvriers n'habiteront pas ces maisons philanthropiques. Nous voyons surtout qu'aucune catégorie de propriétaires ne saurait légitimement se faire subventionner par la masse des contribuables, pour écraser et ruiner d'autres propriétaires. Nous ne saurions admettre ces faveurs humanitaires et philanthropiques que l'on va solliciter des administrateurs de la chose publique !

» Et notre conclusion sera celle-ci : — Si vous le prouvez, allégez nos impôts : sinon, tout au moins, tâchez de les bien répartir ! Dans un pays de liberté et d'égalité ; dans un pays de justice et de droit commun, craignez de fausser la concurrence ! Dégagez-nous des entraves bureaucratiques qui nuisent à l'essor commercial et industriel ; — Laissez, avec la mobilisation des valeurs immobilières, avec l'achat des logements par annuités, avec l'association des bons locataires combinée avec l'association des bons propriétaires se résoudre d'elle-même une question immense qu'il ne vous appartient pas de résoudre, et de laquelle, avec vos visées, vous ne pourrez tirer que des moyens de perturbation morale et de désorganisation sociale !

» Voilà, M. le rédacteur, les réflexions que j'ai cru devoir vous présenter, encouragé que j'étais par la communauté d'opinion que j'ai reconnue entre nous à la lecture de votre suggestif article.

» Veuillez agréer, etc.

» Un vos lecteurs. »

(*Journal du Havre* du 11 juin et *Petit Républicain*.)

II.

« Havre, le 14 juin 1891.

« Monsieur le Rédacteur.

» Après deux jours de réflexion, l'organe attitré des promoteurs de la Société des maisons ouvrières, en intervenant pour ces Messieurs dans le débat soulevé par eux, fait quelques allusions au contenu de ma lettre du 10 courant, à laquelle vous avez bien voulu ouvrir les colonnes de votre estimable journal, et s'oublie dans des considérations qui constituent pour moi une polémique à côté de la question posée. Si vous le voulez bien, je vais tâcher, au moins pour ce qui me concerne, de remettre les points sur les i.

» Et d'abord, pour rassurer sa conscience alarmée sur le mobile qui m'anime, je tiens à déclarer que, personnellement, je suis tout à fait désintéressé dans le débat, et que ne louant pas de maisons — ou petites ou grandes — je n'ai rien à craindre de la concurrence des loyers. Du reste, sachant quelle aversion il manifeste pour les procès de tendances, surtout quand ils sont « inattendus », j'aurais pu négliger cette circonstance, qui n'intéresse pas le public.

» N'en déplaise à notre adversaire, on convoite le bien d'autrui — inconsciemment, je le veux bien — quand on sollicite d'une municipalité et pour une fondation de propriétaire, soit une subvention, soit une garantie d'intérêt, soit une exonération d'impôts, soit des conditions spéciales de construction, etc., toutes choses nécessairement refusées aux concurrents de ladite fondation. Cela mérite bien d'être repoussé avec assez de chaleur et d'énergie pour qu'avec un peu d'irritation de sa part, notre adversaire y voie de « l'animosité ».

» Le « véritable socialiste » craint, paraît-il, l'ironie; mais qui y a-t-il donc de plus ironique que cette prétention à la philanthropie et au socialisme quand on réussit un *placement intelligent*, à l'aide d'une contribution imposée au public !

» Et pour un parti-pris, n'en est-ce pas un bien singulier que celui de voir des « contradictions » et des « exagérations » dans la phrase ci-après ? que, par exemple, on s'est bien gardé de transcrire :

« La concurrence existe parfaitement pour les petits » loyers, surtout pour les petits loyers — cela est trop » naturel — mais il faut tenir compte des risques spé- » ciaux, inhérents aux petits loyers : et la nouvelle » fondation ne pouvant qu'enlever leurs meilleurs » locataires aux petits propriétaires, ne travaillera » qu'à ruiner ceux-ci et à renchérir les petits loyers » restants. »

» A l'augmentation des risques, correspond normalement l'élévation du taux du loyer, qui n'est qu'une des formes du prêt à intérêt. Faut-il donc apprendre à notre adversaire quels sont les risques spéciaux, inhérents aux petits loyers ? Faut-il lui apprendre que ce sont les locations verbales pour un court terme ? ce que sont les dégradations subies par les petits logements ? ce que représente de perte les loyers impayés ou les non-locations ? Faut-il lui apprendre qu'aucun petit propriétaire, à moins d'en faire une question de charité, de vraie philanthropie, cette fois, ne pourrait se contenter, dans les circonstances où il est ordinairement placé, d'un intérêt et d'un amortissement de capital ne dépassant pas le taux de 4 ou 4 1/2 0/0 ? Est-ce que les promoteurs de la nouvelle fondation ne seraient pas mieux renseignés à cet égard, eux qui veulent philanthropiquement se transformer en petits propriétaires, eux qui commencent par écarter de leur fondation les risques et les charges des petits propriétaires ; eux, enfin, qui demandent à faire de notre caisse municipale une caisse d'assurances, à leur usage exclusif et gratuit, alimentée par les contributions de leurs concitoyens ! Mais passons.

» Nous arrivons maintenant à un appel *in extremis* à l'amour-propre de nos conseillers municipaux. Décidément, la philanthropie est trop dans le marasme et devient compromettante. Il ne s'agit de rien moins, dans l'espèce, que de proclamer le dogme de l'infaillibilité et de l'immuabilité édilitaires. Faut-il rire ? Faut-il s'indigner ? — *That is the question.*

» On nous dit que le Conseil municipal à telle époque s'est montré favorable à telle demande de subvention que pourrait lui adresser une société philanthropique ou financière, ayant pour but de construire, au Havre, des logements pour la classe ouvrière, et l'on ajoute que « l'on ne voit pas bien pour » quelles raisons il aurait à se déjuger dans ces conditions. »

» Nous pourrions répondre en rappelant à notre adversaire les raisons que nous avons opposées à celles émises par les promoteurs de l'œuvre en question, raisons qu'il s'est malheureusement gardé de discuter ; mais nous nous contenterons de lui dire que nous avons plus de confiance dans la sagesse de nos conseillers municipaux que lui dans leur amour-propre. Si, en ce moment, il était démontré pour le Conseil municipal, comme il paraît démontré pour le public, que la demande de subvention, de garantie, etc., que nous combattons, est essentiellement contraire à l'intérêt général et public ; qu'elle tend à vicier le rôle de l'Administration, à perturber l'organisation sociale, sans améliorer le sort de l'ensemble de la classe ouvrière, nous croyons que la demande en question n'aurait pas besoin d'être présentée, chacun étant, d'avance, fixé sur le sort qui l'attendrait.

» Le malheur ne serait pas dans ceci que le Conseil municipal viendrait à se déjuger, mais bien, au contraire, dans ce qu'il s'associerait à une œuvre qui ne le regarde pas plus que n'importe quelle fondation particulière.

» Notre adversaire s'attache, ensuite, à présenter l'affaire sous un jour aussi sombre que le compte-rendu de la réunion du 8 Juin le montrait brillant, et conclût, — ô logique ! — en reprochant aux ennemis d'une œuvre antisociale de ne pas lui apporter leurs souscriptions !

» Il s'est fait là une situation trop ingrate, et nous ne saurions, sans remords, refuser de lui donner acte des précieux aveux qu'il nous a faits, concernant les risques que courent les capitaux — même dans des conditions exceptionnellement et arbitrairement favorables — lorsqu'on les engage dans la construction de maisons pour la classe ouvrière. C'est, du reste, une déposition précieuse, autant qu'autorisée, qu'il serait regrettable de ne pas voir figurer en tête de l'enquête *financière* sur les logements à bon marché, et cela fera évidemment le meilleur effet s'il en résulte une plus claire démonstration de ce que l'augmentation des risques courus par les petits proppiétaires les forcera à élever leurs loyers sans les mettre à l'abri de la ruine qui menace leurs capitaux.

» Nous avons assisté dans cette affaire, et depuis quelques années à cet engouement spécial, dont on s'éprend maintenant pour chaque entreprise que l'on affuble d'une étiquette quelconque à désinence *socialistique*; mais nous avons affaire à une population robuste et de bon sens qui ne peut longtemps s'attarder dans ces *spécialités*, négations directes du droit commun et de la liberté. Et, au fond, si l'on y réfléchit bien, on verra que nous aurons rendu service à des hommes éminents et dévoués, manifestement égarés et compromis dans de lamentables et décevantes campagnes, dont le succès, quel qu'il puisse être, ne peut, en aucune façon, porter remède au mal fiscal et éducationnel dont nous souffrons.

» Et en vous remerciant de votre bonne hospitalité, je terminerai en disant que c'est dans cette dernière considération, — et vous le savez bien, Monsieur le rédacteur, — qu'il faut chercher le mobile qui m'a personnellement poussé à écrire ma lettre du 10 Juin, à laquelle vous avez fait si bon accueil.

» Veuillez agréer, etc.,

» Un de vos lecteurs. »

(*Journal du Havre* du 16 Juin et *Petit Républicain*)

III

Une Question ?

Havre, le 18 Juin 1891.

Monsieur,

J'ai l'intention d'acheter au Havre, un terrain sur lequel je vais faire construire, dans les meilleures conditions, sans pousser l'économie à l'excès, des logements salubres destinés aux ouvriers. Je ferai ensuite le compte de mes dépenses et demanderai à la Ville de me garantir un intérêt de 4 0/0 bien net. Il me parait évident que la Ville du Havre ne pourra pas me refuser cette faveur, qu'au dire du journal *Le Havre*, elle doit accorder à une Société en formation. Pourquoi, en effet, se montrerait-elle moins libérale vis-à-vis d'un particulier que vis-à-vis d'une Société ? Ne suis-je pas aussi bien fondé que MM. Mallet et Cᵉ à vouloir m'assurer un intérêt rémunérateur ?

Un de mes amis possède plusieurs maisons louées à des ouvriers ; ces maisons ne sont peut-être pas actuellement en parfait état ; mais il va y faire faire sans hésiter toutes les réparations nécessaires pour les rendre plus salubres. Cela fait, il appellera des hommes compétents pour estimer ses propriétés, évaluer ses dépenses et la ville lui assurera, à lui aussi, un intérêt net de 4 0/0 !

Beaucoup d'autres propriétaires vont suivre cet exemple.

Heureux propriétaires ! nous n'aurons plus à nous inquiéter des non-valeurs, des vacances, des locataires déménageant à la cloche de bois ; les réparations à faire, les impôts à payer, les frais de régisseur, de concierge, etc., ne nous préoccuperont plus, car tout cela entrera en ligne de compte et nous toucherons toujours 4 0/0 net, grâce à la Ville.

Lorsque nous construirons nous pourrons violer impunément les règlements municipaux, nous n'aurons plus d'alignements à demander et les matériaux que nous emploierons ne paieront pas de droits d'octroi.

Mais c'est l'âge d'or des propriétaires ! Le prix des terrains va immédiatement doubler de valeur dans la ville du Havre ; tout le monde va vouloir construire des maisons pour loger des ouvriers puisque l'argent ainsi employé rapportera 4 0/0 net, que la ville prendra dans la poche des contribuables, alors que la rente sur l'État et les obligations de chemins de fer ne rapportent plus guère que 3 à 3 1/2 0/0.

Qu'on ne vienne pas me parler comme le faisait, hier, le journal déjà cité, d'une Société, existant depuis quelques années, qui loue elle aussi des logements aux ouvriers, et dont les actions ne sont même pas au pair bien que rapportant plus de 4 0/0. L'exemple est bien mal choisi. Cette Société n'a pas de garantie, l'aléa effraie les acheteurs ; que la ville du Havre donne sa garantie et les actions vont s'enlever aussitôt beaucoup au dessus du pair.

Agréez, etc.

B....

(*Journal du Havre* du 18 juin et *Petit Républicain*.)

PROTESTATION DU SYNDICAT PERMANENT

DES

Propriétaires et Constructeurs du Havre

A Monsieur le maire,

A Messieurs les membres du Conseil municipal de la ville du Havre.

Messieurs,

En présence des prétentions hautement manifestées, dans une réunion tenue à la salle de la Lyre havraise, au commencement du mois, par les promoteurs d'une Société de construction de maisons ouvrières à bon marché, de réclamer à la Ville du Havre une garantie d'intérêts pour ses capitaux, et divers autres faveurs;

La commission permanente du Syndicat des propriétaires et constructeurs du Havre, agissant en vertu des pouvoirs qu'elle tient des statuts, a été amenée à examiner la situation que créait une telle demande et que consacrerait son succès éventuel, ainsi qu'à prendre telles résolutions qui sembleraient opportunes ; puis, dans sa séance du lundi 15 juin, elle a décidé qu'il y avait lieu de protester contre les demandes faites par cette Société, et a spécialement chargé M. Piéton, marbrier, son président, M. Félix Richer, architecte, vice-président, et M. Ch. Henry, régisseur de biens, secrétaire-trésorier, membres de son bureau, du soin de formuler sa protestation, de vous la transmettre, ainsi qu'aux journaux et de la porter à la connaissance de nos concitoyens.

C'est cette mission que nous venons remplir près de vous.

Il appartient, en effet, au Syndicat permanent des propriétaires et constructeurs du Havre qui compte, aujourd'hui, plus de deux cents membres, il lui appartient, disons-nous, avec les moyens d'informations et de contrôle dont il dispose et grâce à la connaissance particulière qu'il a des opérations auxquelles veut se consacrer la Société à garantir, de signaler à la municipalité et à nos concitoyens le préjudice grave que cette faveur causerait à la population aussi bien qu'aux finances municipales. Il n'est pas douteux, en effet, qu'il résulterait des avantages accordés à cette Société une perturbation profonde provenant de la concession, qu'elle sollicite, d'une garantie quelconque d'intérêts, de l'exonération de payer les taxes d'octroi sur les matériaux et de la dispense singulière de se conformer aux règlements concernant les constructions ; alors surtout que l'application stricte de ces règlements, qu'on nous affirme faits pour assurer une bonne hygiène, s'imposerait certes là plus qu'ailleurs, en raison de l'importance des constructions que cette Société se propose d'édifier.

L'Assemblée communale et l'Administration, qui est sa délégation, ne sauraient avoir deux poids et deux mesures.

Il serait contraire aux prescriptions de notre droit public de diviser la population en catégories d'individus soumis arbitrairement à des traitements différents les uns accueillis, les autres repoussés, sans autre règle que le caprice, ou selon qu'ils seraient « puissants ou misérables. »

La loi est d'accord avec l'équité pour condamner des procédés si contraires au principe de l'égalité de tous les citoyens entre eux.

Aussi sommes-nous bien convaincus que les mandataires de la population, à l'Hôtel-de-Ville, éclairés déjà eux-mêmes sur leur devoirs et sur les droits des administrés, se refuseraient à consacrer de pareilles faveurs, si ont les réclamait d'eux, si, allant plus loin, on les pressait de les accorder.

Néanmoins, le Syndicat permanent des propriétaires et constructeurs du Havre, assuré de l'adhésion de tous ses membres, considère comme son devoir d'interpréter publiquement un sentiment d'opposition qu'il sait être celui de l'immense majorité de la population, et d'affirmer un point de vue qui est seul vraiment conforme aux intérêts des travailleurs.

Il s'élève donc énergiquement contre l'attribution à des particuliers, — de quelque vocable qu'ils décorent leur société, sous quelque forme que ce soit, — de garanties d'intérêt, subventions, indemnités, allocations d'argent, atténuations ou suspension temporaire des droits d'octroi et des règlements sur les constructions.

Il adjure les représentants élus du Havre de maintenir dans notre ville le régime du droit commun ; de ne pas créer des groupes de privilégiés, admis à rejeter sur la masse de leurs concitoyens les charges auxquelles ils échapperaient ; enfin de ne pas semer entre nous, grâce à des inégalités choquantes, le germe de divisions funestes.

En dehors des institutions officielles de bienfaisance, aussi largement dotées que possible, et des œuvres privées de charité, pourvues aussi d'abondantes ressources, — caractère que la société dont nous nous occupons ne présente pas, — il est du devoir absolu d'une municipalité de maintenir le principe de l'égalité entre tous.

Toute intervention administrative, ayant pour objet, comme dans le cas présent, de conférer un privilège à un petit nombre, aurait pour effet immédiat de provoquer d'autres demandes de privilèges semblables que vous ne pourriez refuser, messieurs, sans vous contredire, et, par contre-coup, d'atteindre les plus intéressants de nos concitoyens, et de faire enfin de la prospérité d'un groupe de privilégiés, le repoussoir fâcheux de la misère aggravée des autres.

On peut dégrever tant qu'on voudra, mieux répartir les impôts ; mais il n'est pas permis à une ville de les consacrer à commanditer une entreprise industrielle quelconque.

Nous sommes, d'ailleurs, convaincus qu'une résolution de ce genre, déférée aux tribunaux, serait reconnue illégale, et annulée.

Telles sont, Messieurs, les considérations que nous ont inspirées les circonstances en face desquelles nous nous trouvons, et que nous avons l'honneur de vous soumettre respectueusement.

En nous excusant de les avoir peut-être trop longuement développées, nous vous prions d'agréer l'assurance de notre considération distinguée.

Pour le Syndicat permanent des propriétaires et constructeurs du Havre :

Le président........... PIÉTON, marbrier.

Le vice-président...... FÉLIX RICHER, architecte.

Le trésorier-secrétaire CH. HENRY, régisseur de biens.

HAVRE. 20 Juin 1891.

www.ingramcontent.com/pod-product-compliance
Lightning Source LLC
LaVergne TN
LVHW022308170726
843503LV00006B/2397

* 9 7 8 2 3 2 9 6 9 5 7 3 0 *